私たちの住まいと生活

JN022382

水村容子・井上由起子・渡邉美樹 編

彰国社

『私たちの住まいと生活』編者および執筆者（初版）

編者
水村容子　［東洋大学ライフデザイン学部人間環境デザイン学科教授］
井上由起子　［日本社会事業大学専門職大学院教授］
渡邉美樹　［足利工業大学工学部創生工学科教授］

執筆者
石垣文　［広島大学大学院工学研究科建築学専攻助教］
井上由起子　［日本社会事業大学専門職大学院教授］
葛西リサ　［追手門学院大学地域創造学部准教授］
鈴木佐代　［福岡教育大学教育学部家政教育ユニット教授］
橘弘志　［実践女子大学生活科学部生活環境学科教授］
丁志映　［千葉大学大学院工学研究科建築都市科学専攻助教］
冨永哲雄　［和歌山大学COC＋推進室特任助教］
船津三紗子　［日本女子大学大学院家政学研究科修士課程修了］
松田雄二　［東京大学大学院工学系研究科建築学専攻准教授］
水村容子　［東洋大学ライフデザイン学部人間環境デザイン学科教授］
渡辺秀俊　［文化学園大学造形学部建築・インテリア学科教授］
渡邉美樹　［足利工業大学工学部創生工学科教授］

『私たちの住まいと生活』編者および執筆者（第2版）

編者
水村容子　［東洋大学ライフデザイン学部人間環境デザイン学科教授］
井上由起子　［日本社会事業大学専門職大学院教授］
渡邉美樹　［足利大学工学部創生工学科教授］

執筆者
諫川輝之　［東京都市大学都市生活学部都市生活学科准教授］
石垣文　［広島大学大学院先進理工系科学研究科建築学プログラム助教］
井上由起子　［日本社会事業大学専門職大学院教授］
葛西リサ　［追手門学院大学地域創造学部准教授］
須沢栞　［東海大学建築都市学部建築学科講師］
鈴木佐代　［福岡教育大学教育学部家政教育研究ユニット教授］
橘弘志　［実践女子大学生活科学部生活環境学科教授］
谷本裕香子　［東北工業大学ライフデザイン学部生活デザイン学科講師］
丁志映　［千葉大学大学院工学研究院都市環境システムコース助教］
船津三紗子　［日本女子大学大学院家政学研究科修士課程修了］
松田雄二　［東京大学大学院工学系研究科建築学専攻准教授］
水村容子　［東洋大学ライフデザイン学部人間環境デザイン学科教授］
渡辺秀俊　［文化学園大学造形学部建築・インテリア学科教授］
渡邉美樹　［足利大学工学部創生工学科教授］

装丁　髙橋克治（eats & crafts）
編集協力　寺内朋子（studioT2）

まえがき

普通の住まいに暮らし、安心して日々の生活を送る。現在の私たちの社会では、人としてごく当たり前の生活を営むことが、困難になりつつあります。その理由として、超高齢社会、人口の減少、格差化、世帯規模の縮小、頻発する自然災害、地域コミュニティの希薄化など、様々な社会情勢の変化が考えられます。

本書の中にも述べられていますが、住まいは私たち人間にとって、身を守るシェルターであると同時に生活の器でもあります。そのような、私たち人間にとっての住まいの意味やそのあり方（計画手法）を明確に把握し、実際の生活にその知識を活かすことが、現在のような社会情勢下では求められています。

本書は大きく2部で構成されています。

「第1部 住まいの計画とその手法」は、上で述べた通り、住まいの計画手法を学ぶことを目的として構成されています。現在の住まいが明治期以降どのような経緯で成立してきたのか、様々な日常生活が展開する住まいをどのような視点で計画すればよいのか、特に室内の計画にあたって重視すべき点とは何か、住まいを将来にわたり持続的に維持管理していく場合のポイントとは何か、そうした内容を解説しています。

「第2部 現代社会における子育て・高齢化・家族問題と住まい」は、様々な社会情勢の変化によって生じている、住まいにかかわる諸問題、あるいは新しく出現している住まい方・諸現象を取り上げ、各節においてそれぞれのテーマごとに解説しています。具体的には、子育てや子ども自身の生活を考慮した住まいのあり方、多様に変容を遂げている家族を受け止める住まいの現状、障害のある人あるいは高齢者を配慮した住まいのあり方、そして、誰もが安心して住み続けるためのセーフティネットとしての住まいの存在意義といった課題が取り上げられています。現代社会における住まいにかかわる諸問題と、その解決に有効な知識や情報が満載されています。

本書は、住まいの計画理論・手法のみならず、現代社会における住まいにかかわる諸問題を理解し、その解決へつながる新しい視点の習得を目的としてまとめられたテキストです。また、住居学科や建築学科のみならず福祉系や医療系の教育機関で学ぶ学生のテキスト・参考書として活用されることを考慮しました。このテキストを通じて、読者の皆さんが住まいに関する豊富な知識・視点を身につけ、新しい住まいの創造・構築に貢献されることを願っております。

2013年10月　水村容子

第2版にあたって

初版の刊行から10年が経ちましたが、私たちの住まいや生活を取り巻く環境は、さらに急激な変化を遂げています。日本社会の少子高齢化・人口減少は依然として歯止めがかからず、2022年の出生数ははじめて80万人を下回りました。自然災害の激甚化は進行し、これまでに無い頻度や範囲で風水害が発生しています。2020年からのコロナ感染症の蔓延では、ソーシャルディスタンスの確保や在宅勤務の普及など、新しい生活様式が模索されました。ウクライナ紛争とそれに続きエネルギー供給の停滞により、様々な生活サービスや生活品の価格は高騰し、人々の生活を圧迫しています。

このような状況に直面し、私たちは、生活の基盤である住まいのあり方を今一度考える必要があるのではないでしょうか？ 高齢者が安心して住み続けることができる社会や若者が希望をもって自分の家族や住まいを築くことのできる社会とはどのような社会なのでしょう？

第2版では、そのための思考や学びを深めるため、10年間に新たに出現した社会問題や事象を盛り込み改訂作業を進めました。持続可能な社会や住まいを実現するのは、このテキストで現在学んでいる皆さんです。それに必要な知識や考え方をこのテキストでの学びを通じて習得して欲しいと考えています。

2023年12月　水村容子

第2部 現代社会における子育て・高齢化・家族問題と住まい

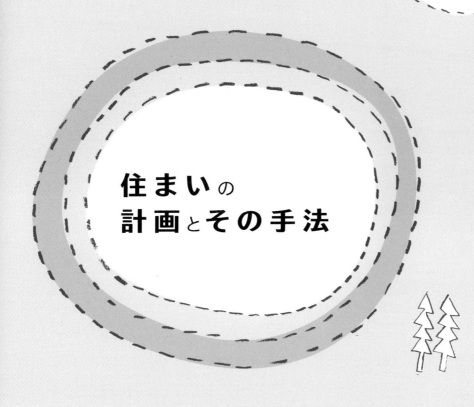

第 **1** 部

住まいの
計画とその手法

近代の日本の住まい

●時代区分●
明治時代　1868～1912 (M1～45) 年
大正時代　1912～1926 (T1～15) 年
昭和時代　1926～1989 (S1～64) 年
平成時代　1989～2019 (H1～31) 年
令和　　　2019～　　 (R1～ 　) 年

◆◆ 学習のねらい ◆◆

近代の日本は、社会や生活環境が大きく変化しました。近代以降、日本の住まいがどのような変化を遂げ、現代に至っているのかを考えてみましょう。

1 明治以前の住まい－都市

江戸時代の都市（城下町）は、城を中心として御用地、武家地、寺社地、町人地に領域が分かれており、その間と周辺に農地や森林がありました。居住域の武家地と町人地には、武家地に武家住宅と、町人地に町屋という独立住宅が成立していました。**武家住宅**は、身分によって規模に格段の差がありますが、間取りはおおむね、玄関、広間、座敷、納戸と縁側などからなっています（①）。**町屋住宅**は、間口が狭く奥行きの深い敷地に建っており、通りに面した室は店や作業場といった仕事場、通り庭を介して座敷（居住空間）があり、さらに中庭を介して水場や倉が配されています。そしてしばしば、両隣の建物との外観や軒高がそろっているため、通り側から見ると連続した建物のような景観になります（②）。当時、間口の広さには制約が多かったため、表（オモテ）は店として有効に活用し、奥（オク）を居住空間としますが、奥に長い町家は、中庭などによって通風や採光を効果的にもたらすよう工夫がなされています。さらに高密な町人の住宅として、**棟割り長屋**があります。これは、通りに面した店や家主住居の裏手に裏道を配し、土間＋1間～2間の住戸が向かい合わせに軒を連ねる形式で、井戸や便所を共同で使用する小部屋のような住居のまとまりです（③）。その日に得た収入はその日に使う「宵越しの銭は持たない」といわれた都市部（江戸）の庶民のほとんどが、このように小規模な貸部屋、借家に住んでいました。こうした貸部屋、借家は明治以降さらに増加し、大正期まで東京市内の住宅の9割が借家だったといわれています。

① 下級武士の住居

茶の間の東側に流し間（台所）と味噌部屋がある。西側にある次の間や座敷が客室、茶の間奥の部屋が就寝室であった。

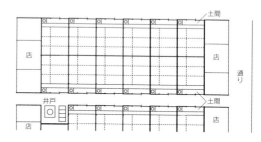

③ 棟割り長屋

通りに面して店や家主の住宅があり、裏庭に路地を形成して向かい合わせに小部屋が並ぶ。突き当たりに共同便所と井戸があり、ここでの女性たちのおしゃべりから、「井戸端会議」という言葉が生まれた。

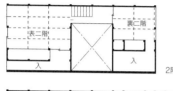

② 中庭型の町屋

店の奥に茶の間や座敷などの日常生活空間が配されている。通り庭には吹き抜けがあり、一部が半屋外空間となっている。2階は下宿部屋としても使用された。

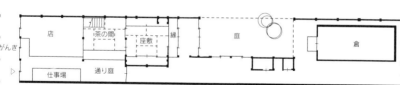

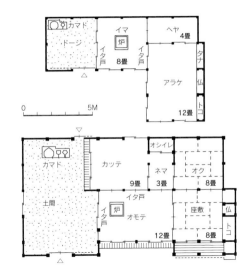

2 明治以前の住まい－地方

　一方、地方の農村では、地域の風土によって間取りや名称が異なるものの、ドマ（土間）、カッテ、ザシキ（座敷）から構成される**農家の住まい**が成立しています（④）。左右が土間と床に二分され、床が田の字型に縦横に分かれている形式を**田の字型**、土間に接して大きな広間をとり、広間をザシキやナヤ（納屋）、オシイレ（押入）が取り巻いている形式を**広間型**と呼びます。ドマは、文字通り土面たたきとなっており、かまどと水桶を配置して煮炊きをし、農具の手入れなどをする作業場所や、農耕具の保管場所になっていたほか、しばしば馬屋がありました。カッテは、土間に対して開け放たれた板張りの床で、炉が切ってあり、住人は炉の周りで食事や暖をとった後に、夜間は子どもや女性たちが就寝しました。カッテの奥あるいは前面に座敷が配されており、名主など地域の権力者の住宅では、村人の集会や接待に使用されました。さらに規模の大きな住宅では、家長が就寝する間、隠居が就寝する間、仏壇を備える間など、複数の座敷がありました。

④ 農家の間取り
広い土間が家事や農具の手入れなどの作業をする場所であった。ネマやヘヤと記された小部屋が就寝や納戸に使用された。

3 洋館、和洋折衷住宅、近代数寄屋

　明治維新以後の諸改革によって、都市の居住エリアは大きく変化しました。まず、上地と呼ばれる土地の返還によって、武家地は官有地（公有地）となり、都市近郊では、政・財・官の要人や公家、旧武士の所有地となった場所もあります。社会の要人たちは、生活様式や住宅様式に、洋風文化を率先して取り入れ、広大な敷地に多くの客人を迎えてもてなすための、迎賓館的な役割を持つ洋館を建築しました。洋館は、**グラバー邸**（1863年）など、江戸末期の外国人居留地に建設された邸宅をはじめとしますが、明治以降は多くの外国人建築家が招かれ、西洋建築の教育とともに建物の設計を担いました。中でも**ジョサイア・コンドル**は、⑤の岩崎久彌邸（1896年）、三井倶楽部（1910年）、古河邸（1917年）など、数々の洋館を設計したことで著名です。明治後半になると、時の資本家たちの邸宅では、住宅の洋風化の気運と並行して接客と生活の一部を洋館、生

⑤ 岩崎久彌邸（J・コンドル設計）
洋館、和館、撞球室からなる。和館は日常生活、ほかは親族の集まりや外国からの賓客の宿泊に使用した。和館の棟梁は大河喜十郎。

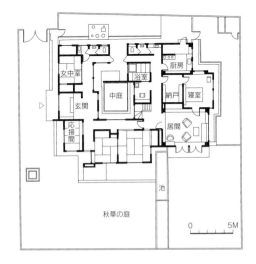

⑥ 岡田邸（堀口捨己設計）
中庭を介して、和室と近代的なコンクリートの箱が、また秋草の庭と直線的な池の景色が、引き立て合いながら調和し共鳴している。

活と接客の一部を和館で行うといった、**和洋併置式**の邸宅がつくられました。先の岩崎久彌邸もこれにあたります。しかし洋館住宅は、一般人の生活様式には容易に馴染まず、やがて昭和初期までに、純和風の住宅の玄関横に洋室（応接間）を置き、洋室の外壁を下見板などで仕上げた折衷型の住宅が普及しました。並行して、和の様式を懐かしみ、日本庭園や書院、茶室を配するといった復古的な流れも生じました。⑥の堀口捨己による岡田邸（1933年）や、吉田五十八による吉屋信子邸（1936年）など、伝統的な様式と近代建築の考えを融合させた**近代数寄屋**と呼ばれる住宅が生まれました。

4 木賃アパート、貸家

かつて武家屋敷であった、都市近郊の広大な土地の一部は、借地や貸家としても運用されました。明治初期より随所に建築された**木賃アパート**や、文豪などの文化人たちが、都市住まいの際に短期的に居住した戸建て住宅です（⑦⑧）。産業の発達により、それまで住居内で店を営み作業をしていた庶民や、地方の農民たちが、賃金労働者として都市へ出て働くようになったのもこの時期であり、**職住分離型**の都市住居の需要が高まります。こうした木賃アパートや貸家は、のちに中産階級層を形成する賃金労働者たちと、都市の大学へ通う学生たちなどの住居として定着しました。

5 住宅における欧化と住宅改良

やがて、豊かになった一般庶民の間で、生活様式の欧化や住宅の洋風化志向が高まりました。同時に、これまでの日本家屋の問題点が多数指摘され、**住宅の改善・改良**が求められるようになりました。**田辺淳吉**は、日本の風土に適した経済的な洋風住宅として、オーストラリアのバンガロー住居を紹介しました（1908年）。特に、中廊下や日本の縁側に似た庇付きのベランダの有効性に着目しています。また、**橋口信助**はアメリカでパッケージ化され、カタログ販売されていた住宅を輸入・販売する**あめりか屋**を1909（M42）

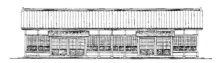

⑦ 明治期の貸家
6畳が食事、居間、就寝を兼ねたと思われ、小規模ながら表門、中庭、玄関を持つ構えで、間口がゆったりとしている。

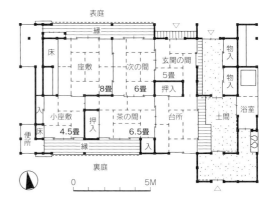

⑧ 森鴎外旧居（北九州市小倉）平面図
客用玄関と勝手口があり、土間と浴室を備えている。南側の庭に面する台所は食事、茶の間は家族室、小座敷は書斎として使用されていたとされる。

⑨ あめりか屋の住宅
ポーチ付きの玄関奥の「廣間」とあるのはHALLの訳。東側の客室と食堂の2面にベランダが配されている。2階には寝室2室あり、座敷と次の間は和室だったとされる。

年に創設、カタログ輸入住宅産業の先駆けとなるとともに、1916（T5）年に**住宅改良会**を組織し、住宅改善による家事労働の合理化を提唱しました（⑨）。1915（T4）年には国民新聞社により**家庭博覧会**が開催され、1畳半の台所、椅子座の子ども室などが紹介されました。続いて1918（T7）年、当時の文部省により家事科学展覧会、翌年には生活改善展覧会が開催されました。ここでは、中流向け独立洋風住宅、佐野利器（さのとしかた）による都市型集合住宅、日本女子大学による主婦室などが展示され、全国を巡回しました。さらに1922（T11）年、東京平和記念博覧会では、**文化村**と称する12棟のモデルハウスが展示され、中廊下型の間取り、居間を中心とした間取り、バルコニー、サンルーム、浴室など、戸建て住宅の新しい間取りや設備の提案がなされました。中でも中廊下は、他の部屋を通らずに各室へアクセスできるプランとして推奨されました。これらの住宅改良策で生まれた住宅を総称して、（洋風住宅としての）**文化住宅**と呼びます（⑩⑪）。

6 アパートメントと郊外住宅地開発

　住宅改良の動きとともに、都市人口の過密化により、住宅不足の問題はいっそう深刻化しました。内務省は1919（T8）年に住宅改良助成を告知し、低金利で公営（一部では民営）住宅を建設できるよう促しました。これにより、中流以下の公営住宅が徐々に増え、同時に建物の不燃化も促進されました。しかしこの直後、1923（T12）年に関東大震災が発生し、都市のインフラや住生活圏は甚大な被害を受けました。震災による被害の後、応急的な仮設住宅が建設されるのと同時に、建物の恒久化、耐震・耐火性能の重要性が指摘され、震災復興の住宅供給を目的として1924（T13）年に設立された同潤会（どうじゅんかい）が、**鉄筋コンクリート造アパートメント**の建設を開始しました。同潤会アパートメントは、1925〜34（T14〜S9）年の間に都内15カ所に2,508戸建設されました（⑫）。一方1910（M43）年、箕面有馬電気軌道（現在の阪急電鉄）が大阪郊外の池田町に207区画の建て売り住宅を販売（⑬）、東京では1919年に渋澤栄一（しぶさわえいいち）が田園都市株式会社を設立し、1923

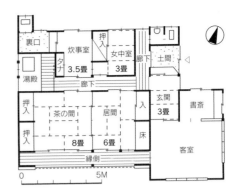

⑩ 中廊下型住宅の提案
1917（T6）年住宅設計競技1等案（剣持初）30.5坪。玄関から客室へ入る動線と炊事室へ入る動線が分かれている。廊下によって、室を通らずに各室へ移動できる間取りとなっている。

⑪ 居間中心型住宅
1922（T11）年、文化村出展作品。寝間、予備室、書斎兼客間など全室が居間を中心に配されている。

⑫ 同潤会青山アパート
台所＋4.5畳と6畳の間取りであるが、3方開放で日当りや通風は十分に確保されている。押入れと水回りは階段室側に集約されており、機能的な間取りとなっている。

年に田園調布を住宅地開発しました。こうした**郊外住宅地開発**の流れの中で、住宅供給の様相は大きな変化を遂げました。

7 戦後復興住宅、51C型住居

第2次世界大戦の終戦後（1945年）、日本は住宅不足数420万戸という、住宅供給危機に再度直面しました。同年、**羅災都市応急簡易住宅**が建設されましたが、恒久的な住まいとしてはお粗末なものでした。また戦災により、それまで盛んだった民間の住宅供給も疲弊していました。すでに進行していたRC造アパートメントの耐火性能、住宅部品の工場生産技術・建設技術の発展で住宅の生産体制が回復する中、個人が資金を調達して住宅を購入できる仕組みが必要でした。こうして、1950（S25）年に**住宅金融公庫法**、1951（S26）年には公営住宅法が成立し、住みよい住宅建設の促進が図られました。しかし、都市部の人口集中と世帯の細分化（核家族化）によって新規需要が増大したため、1955（S30）年には**日本住宅公団**（現在の都市再生機構）が設立され、都市周辺部で大規模な宅地開発を行い、大量の住宅を供給する組織が生まれました。

日本住宅公団の初期の規格平面図（⑭）を見ると、50㎡足らずの広さで4〜5人家族用であり、部屋は茶の間と寝室に分かれています。ここでは、庶民の住生活と住空間の実態調査を通して、住居の平面計画に適用するための方法論＝**住宅計画論**の基礎を築いた**西山夘三**が特に提唱していた**食寝分離**が実現されています。西山の研究成果を継承し、大きく発展させたのが、東京大学の吉武泰水研究室（吉武泰水、鈴木成文ほか）により1951（S26）年に作成された、**51C型公営住宅プラン**です。51CN型プラン（⑮）は、玄関ホールから寝室と台所兼食事室に分かれ、その両側に洗面などの水回りと畳の間が配されています。この提案は、それまで分離していた台所と食事室を**ダイニングキッチン（DK）**としたこと、寝室と畳の間を分割したこと＝食寝分離、就寝分離、水回りに面してバルコニーを設けたことなど、家族がむやみに動線を交えずに、衛生的かつ健康的に住うための工夫がなされています。このプ

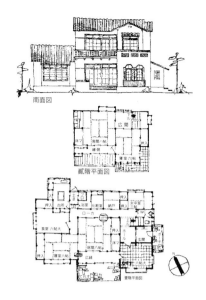

⑬ 阪急電鉄の建て売り住宅

1936（S11）年につくられた8室45畳2階建ての住宅。中廊下型の間取りで、外観はスパニッシュ様式にデザインされている。

⑭ 住宅公団研究部、基準平面図

家族4人＋乳幼児1人用の住宅として計画されている。狭いながらも寝室と茶の間が分かれた食寝分離型となっている。

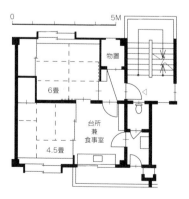

⑮ 51年度国庫補助住宅C型プラン

このプランには、51CN型（本図）と51CS型がある。S型は洗面・トイレと階段室が入れ替わった間取りとなっており、洗面所と収納がN型より若干狭い。限られた規模の中での秩序化・合理化を意図して設計された。

ランは、のちの集合住宅や戸建て住宅の間取りにも大きな影響を与えました。DKを拡張し、居間＝リビング（L）の役目を兼ねた室が、**リビングダイニングキッチン（LDK）**と呼ばれ、寝室などの個室数nを加えた間取りが便宜上、**nLDK**と称されており、現在も間取りの表現に使用されています。

8 建築家による住宅

　1929（S4）年、第2回**CIAM（近代建築国際会議）**では、メインテーマである低家賃住宅建築計画の中で、最小限住居が提唱されました。日本では、1935（S10）年の**土浦亀城**自邸⑯など、この頃から建築家による近代住宅が数多く設計され、今日に至っています。建築家による住宅設計は、時の社会制度や技術、建築に対する理念が表現されており、室構成、材料、構造などの随所に様々な挑戦やメッセージが込められています。

　1954（S29）年の**清家清**による自邸**私の家**は、近代建築の理念を咀嚼しつつ、日本の気候、生活様式とどのように適応し不都合が生じるかを、清家自らが、住むことで実体験を行った住宅です。同じく清家による**森助教授の家**（1951年、⑰）は、近代建築を踏襲しながらも、伝統的な日本建築との、多くの共通項を示した作品です。**池辺陽**による**立体最小限住居**（1950年、⑱）は、その後の現代に至る狭小住宅やローコスト住宅を先導する作品となります。**丹下健三**による自邸（1953年）は、ピロティから住居の中央（玄関）へ入り、4方向にアクセスできる自由な空間を実現しました⑲。**篠原一男**による**から傘の家**（1961年）、**白の家**（1966年、⑳）は、土間、大屋根や大黒柱など、日本の古民家の要素を、あえて近代住宅に融合させた作品です。**東孝光**の自邸である**塔の家**（1966年、㉑）は、青山の超高密な商業地区に5坪の土地を求め、高さの異なる水平面をくまなく、住まいの領域として利用するような、都市に住まうことに徹底した住宅です。

　以後、建築家の住宅作品は、目的や表現、住まい手の個性に応じて多様化していき、さらにデザインや構造だけでなく、住宅とは何か、家族とは何かという思索にまで及びます。**黒沢隆**による**個室群住居**（1970年）は、居間を中心とする付属

⑯ 土浦亀城自邸
地上2階地下1階建て、建築面積59.4㎡。木造乾式工法でつくられ、室内はスキップフロア形式の4層となるなど、モダニズムの空間造形手法が随所に実現されている。

⑰ （上）斎藤助教授の家、（下）森助教授の家（いずれも清家清設計）
（上）土台から上部を基礎の上に浮かせた接地性が近代的で機能的な表現となっている。（下）南面の縁側は柱の芯外しにより、全面開口が可能となっている。台所と食堂を最小限まで近接させることによって、広いリビングが確保されている。

⑱ 立体最小限住居（池辺陽設計）
片流れ屋根の形状で子ども室と書斎兼寝室を2階に配し、食堂兼居間と台所のワンルームを吹抜けでつないでいる。現代の狭小住宅のモデルプランとなった。

室として寝室があるのではなく、住戸に見立てた個室が中心でパブリックスペースとしてホールがある、という考えのもとに設計されています（㉒）。ここで黒沢は、近代における「家族」の虚構性を示唆しつつ、近代化の中で閉鎖的になった住宅を外部へ解放し、各個人が自然や社会とのつながりを持ち、自律して生活する場所として計画しており、のちに一連の計画の中で、個室を**個人用住居単位**と呼び直しています。**伊東豊雄**による**中野本町の家**（1976年）は、住宅地の敷地に馬蹄形状のコンクリートチューブを這わせ、チューブで囲われた中庭に対しても完全に開かずに、ごく限られた開口部から光や風を取り入れることによって、室のつながり、光と音の反射、視線、人の気配、空間の分節と連続、住居の内と外の関係性を模索する住宅です（㉔）。**安藤忠雄**による**住吉の長屋**（1976年）は、商店街の狭小敷地につくられ、コンクリート打ち放しの壁面に

よって隣地に対しては閉じられますが、食堂・浴室、寝室、予備室（子ども室）の各室へ移動するのには、必ず露天の中庭へ出なければならず、立体的な離れ屋のような構成です（㉓）。また1995（H7）年以降の**難波和彦**による**箱の家**シリーズは、間仕切りのない空間の中で、家族がつねに気配を感じながら生活する住宅です（㉕）。

9 民家の変容

　一方、農村の民家は明治以降どういった変化をとげたのでしょう。実際に、明治の諸改革や産業発展は、農村の住まいにまで影響し、農村家族の情景は大きく変化しました。家制度の戸主独占、長男単独相続の原則に加えて農業が機械化され、大人数による労働や協力が不要になったために、それまでの親族や村人の共同体意識が徐々に崩れました。次男や三男は都市で賃金労働者となり、いずれは所帯を構えて核家族として暮らします。こうして定期的に大勢の人が集まることが少なくなると、接客や集会の空間であった大広間や続きの間は形式上のものとなり、日常生活を過ごす茶の間と就寝室などの個室が、中廊下を挟んで増築されました。土間は板張りの床に改装されて、椅子座の居間や食堂に変化を遂げ

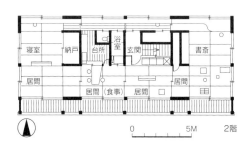

⑲ 丹下健三自邸
1階はピロティで2階が宙に浮く。玄関から書斎、居間、台所、寝室の4方向へアクセスできるうえ、各室はぐるりと回遊できる。

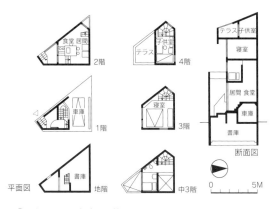

㉑ 塔の家（東孝光設計）
半地下に書庫（仕事場）、1階に車庫、2階に台所・食堂・居間、中3階に洗面・トイレ・浴室、3階に寝室、4階子ども室。階段室の踊り場を居室としたような、最小限の建築面積で成り立った都市住宅である。

⑳ 白の家（篠原一男設計）
室内に偏心して立つ円柱が空間の要となり、場をつくっている。床から切り取られた開口部の光で、床面がやさしく照らされ、シンプルな空間に濃淡を与えている。

るとともに、外部へ開かれた接客空間ともなっていた縁側や座敷には、アルミサッシが設置されるなど、室内は徐々に閉鎖的になっていったといえます（㉖）。1975（S50）年以降、**文化財保護法**の改正によって**伝統的建造物群保存地区**の制度が発足し、城下町、宿場町、門前町など全国各地に残る歴史的な集落・町並みの保存が図られるようになりました。市町村が保存活用計画を定めた歴史的地区について国がその価値を判断し、**重要伝統的建造物群保存地区**に選定し、修理・修景、防災設備や案内板の設置事業等に対して補助や指導の支援を行います。2021（R3）年現在、43道府県の104市町村126地区が指定されて

おり、約30,000件の伝統的建造物および環境物件が特定・保護されています。実際に、多くの自治体やNPOなどの有志団体が、各地の古民家を店舗や集会場に再生利用するために、土間や縁側を復活させたり、古民家で民家宿泊体験を企画するなど、古民家保存・再生・維持の動きが浸透しつつあります。こうした活動は、古来より、日本の風土と生活によって培われた日本人の住まいの記憶を、再び呼び戻すことでもあります。単なる懐古趣味にとどまらず、経済発展のスピードの中で喪失した、日本人の居場所を再認識し、将来の子どもたちに継承していくことも、私たちにとって大切な責任のひとつです。

㉒ 個室群住居（黒沢隆設計）

個室はのちに、各個人が生活を営めるユニットとして展開してゆく。リビングはなく、ホールと呼ばれる共用スペースがあるのみ。

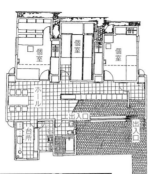

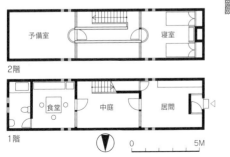

㉓ 住吉の長屋（安藤忠雄設計）

3分割された敷地の中央が中庭となっているため、部屋の移動はすべていったん外へ出る。1階は玄関ホール（居間）とダイニングキッチン・浴室、2階に寝室と予備室（子ども室）が配されている。

㉔ 中野本町の家（伊東豊雄設計）

片流れ屋根の馬蹄形のコンクリートチューブで中庭を囲い、屋根や壁のわずかな開口部から光や風を招き入れる。

㉕ 箱の家（難波和彦設計）

立体最小限の箱で、居室が内と外に開かれている住居。持続する材料で構法を標準化し、経済効率を高めると同時に、1室空間の中に都市の自然を埋め込むことが設計のコンセプトとなっている。

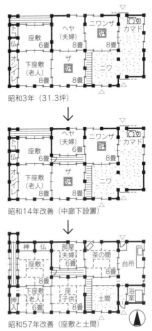

㉖ 農家の改修事例

昭和初期に中廊下をつくり、昭和末期にニワを立ち式台所と浴室に改修している。他室を通らずに各室へ移動できるよう、徐々に改修がなされている。

1-2 生活様式の変化と住まい

◆◆ 学習のねらい ◆◆

床座から椅子座への変化、中廊下の導入、ダイニングキッチンの誕生によって、日本の住まいは大きく変化しました。ここでは、それらをキーワードとして、生活様式と住まいの変化について考えてみましょう。

1 明治の住宅改良

明治期、産業の発達によって都市の中流階層が増加すると、一般的な日本家屋の本質的な問題点が浮上してきました。耐震、衛生、設備技術の導入努力の後、在来住宅の欠陥と改良の方針が本格的に示されたのが、1903（M36）年に発表された、滋賀重列「住家」、塚本靖「住家の話」、矢橋賢吉「本邦における家屋改良談」などの**住宅改良論**（日本建築学会、学会誌）でした。当時、特に改良が必要とされた点は、構造（木造）、衛生（通風、湿気）、防火（木造）などの材料や技術的な問題のほかに、室内の動線と各室の機能が不明瞭なこと、プライバシーのある個室をつくるのが困難なこと、立ち・座り、押入れから物を出し入れすることや、座方式の台所による炊事の身体的負担など、主婦の重労働についてでした。また、欧風趣向や、家長制度などの家族意識の思想的な変化も、改良に拍車をかけました。さらに、東京ではガス、上下水道、電気の供給が明治期に開始され、こうした住宅の近代的な設備が生活に大きな変化をもたらしました（①）。

2 椅子座と日本間

畳に座り生活する、従来の日本の生活様式を**床座**（座方式）といい、椅子に座りテーブルを用いる様式を**椅子座**と呼びます。床座から椅子座への変化は、近代日本人の生活様式の変化の中で、最も顕著なもののひとつといえます（②）。当時、座方式の問題点として、立ち上がるときの身体的負担と膝を曲げることによる身体発育の不良が、敷布団については、下層の不衛生な空気を吸うことによる害などが論じられました。椅子座は、明治初期に小学校や兵舎など、公共施設にいち早く採用されましたが、明治期の和洋折衷住宅では、玄関から靴履きのまま入る洋室と、畳の間に絨毯を敷き、椅子やテーブルなど洋風家具を設置する室が混在していました。戦後、公営住宅にダイニングキッチンが取り入れられた直後も、実際にはダイニングに座卓を持ち込んで食事をとる光景が見られましたが、徐々にダイニングテーブルが定着し、一般住宅にも、洋間（板張りの床）に椅子座の家具が普及しました。現在では部屋の用途によって、和室と洋室の使い分けがなされています。

① 1917（T6）年「住宅」設計競技1等案（左）、2等案（右）

（左）剣持初次案、30.5坪。（右）岩村安次案、23.95坪。住宅改良会主催の設計競技で、入選の3案ともが完全な中廊下形住宅様式となっており、中廊下型の急速な普及を示している。

②「日本人の二重生活」（北澤楽天）

大正時代、椅子とテーブルのみが西洋流のもてなしであることに戸惑う客人の様子が描かれている。

3 居間中心型と公私室型

　明治初期の戸建て住宅の間取りは、江戸時代の中流武家屋敷の**書院造り**をもとにしていました。表（オモテ）は公的な対面・接客のための座敷で、奥（オク）には日常的な居室、寝室や勝手回りがありました。住まいが純粋に生活の場となり、狭小化して家族意識が高まるにつれ、日当たりの良い南側の部屋は、接客ではなく家族のための空間へと変わっていきます。

　居間中心型住居は、時代の要望に応えたといえます。「家族の団らん」という理想像が掲げられ、従来の接客重視型の間取りから、家族中心・居間重視型の間取りへと変化していくとともに、オモテからオクへの階層が弱まっていきました。戦後、さらに住宅が狭小化するとともに、漫画「ブロンディ」や、進駐軍の**ディペンデントハウス**など、アメリカ型の生活像が紹介されると、**リビングダイニング**など家族室はさらに広く充実した空間となり、個室が完全に独立した、**公私室型住居**あるいは**モダンリビング**と呼ばれるかたちとなります（③④）。

4 台所の変化とダイニングキッチンの誕生

　明治期の日本の台所は、土間にかまどを配し、その横にまな板やたらいを置いて、汚水をそのまま側溝へ流すといった、しゃがんで炊事をする**座式**でしたが（⑤）、大正時代にシンクが紹介され、1915（T4）年の家庭博覧会では家事の能率性向上のため「1畳半の台所」が提案されるとともに、上水や排水の設備も整いました（⑥）。一般家庭でシンク式の**立ち流し**が取り入れられ、さらに現代の**一体型シンク**へと変化しました。また、上下水道、ガス、電気の普及によって、浴室や便所などがより機能的・衛生的になり、主婦労働の軽減につながりました。以前の台所空間は、主室部分から切り離された、北側の狭く暗い一室でしたが、戦後の公営住宅で開発されたダイニングキッチンの誕生以降、食堂と一体化した明るい空間となりました。現在では、I型（アイランド型）やL型などキッチンの配列も多様となり、洗濯室、アイロン室などの家事室を連続して配置するなど、家事の効率や負担の軽減につながる工夫がなされています。

③ ディペンデントハウス
A-1a型間取り。玄関からリビングへ直接入る。台所は広く、機器が充実している。こうした住宅のスタイルが、日本人の生活感に与えた影響は大きい。

④ A-1型居間
内装には和風の装飾が見られるが、居間や食堂の家具配置からは、家族の団らん、接客の開放性が読み取れる。

⑤ 明治時代の庶民の台所（関東、つくばい式）
床上にかまどを設置し、その前に座って火をおこす。土間に流しがあり、しゃがんで炊事をする。板間へ上がり下りをしなくてはならず、足腰への負担が大きかった。

⑥ 1畳半の台所
1915（T4）年、国民新聞社が上野公園で開催した「家庭博覧会」で入沢常子が提案した1畳半の台所は、主婦たちの注目を浴びた。

資料1 日本の住様式の流れ

	江戸	明治	大正	昭和
	1870(M3) 1880(M12)	1890(M22) 1900(M32)	1910(M32) 1920(T9)	1930(S5) 1940(S15)

社会背景

- 1894-95 日清戦争　1904-05 日露戦争　1914-18 第1次世界大戦
- 1939-45 第2次
- 1888 市区改正
- 1923 関東大震災
- 軍需景気　戦後不況
- 1929 世界恐慌
- 農
- 1929 CIAM「最小限住宅」
- 1943 震災都市応急
- 1916 住宅改良会
- 1919 都市計画法公布
- 1915 家庭博覧会
- 1922 東京平和記念博覧会、文化村
- 軍需景気

都市住居 ←過密

- 1891〜 軍艦島
- 1947 高輪ア
- 1949 戸山
- 棟割長屋
- アパートメント　1924 同潤会アパートメント
- 木賃アパート
- 1918 規格統一、都市型アパートメント（佐野利器）
- 町家
- 住宅改良・文化住宅
- 1925 文化アパートメント（ヴォーリス）
- カタログ住宅
- 占領軍家族用
- 1909 あめりか屋
- 中廊下型住居・居間中心型住居
- ティペンデント・ハウス
- 戸建て貸家
- 武士住宅
- 1917 三角錫子邸（橋口信助）
- 建築家の作品
- モダニズム住宅
- 1935 土浦自邸（土浦亀城）

田舎住居 過密→

- 外国人居留地（1858〜）
- 洋館
- 1910 三井倶楽部（コンドル）
- 1863 グラバー邸
- 1896 岩崎邸（コンドル）
- 1920〜 分離派
- モダン・リビ
- 下屋敷
- 近代数寄屋
- 1936 吉屋信子邸（吉田五十八）
- 1930 吉川邸（堀口捨己）
- 農家
- 民家
- 1933 岡田邸（堀口捨己）
- 郊外住宅地開発
- 1933 夏の家（A・レーモンド）
- 1910〜 箕面有馬電気鉄道、池田町207区画
- 作業部屋付き長屋
- 1923〜 田園都市株式会社　田園調布開発

思想と生活様式

- 1960 家具国際見本市、システムキッチン（ピーチャー姉妹、アメリカ）
- 1904 住宅改良論（建築雑誌）
- 1933 陰翳礼賛（谷崎潤一郎）
- 1942 食寝分離論（西
- 1908 西豪州の住家（田辺淳吉）
- 1949 日本住の封建制（浜口ミホ）
- 1905 婦人画報創刊
- 1933 B・タウト来日
- 座式流し
- 1915 一畳半の台所
- 箱膳
- 1925〜立ち式台所の普及
- ちゃぶ台　床座→椅子座
- 中廊下
- 東京ガス
- 都市ガス
- 東京・電化
- 都市水道

18

	昭和		平成				令和
(S25)	1960(S35) 1970(S45) 1980(S55)	1990(H2)	2000(H12)	2010(H22)年	2015(H27)年	2020(R2)年

1964 東京オリンピック
1970 大阪万博
← 高度経済成長 → バブル好景気　1991 バブル崩壊
1995 阪神淡路大震災
2011 東日本大震災
1989 消費税実施
2020 新型コロナウイルス感染症
2022 改正建築物省エネ法
2021 新たな住生活基本計画（国土交通省）

建築基準法施行
＊住宅不足 270 万戸
住宅金融公庫設立
51 公営住宅法
1955 住宅建設十箇年計画
日本住宅公団設立
1981 住宅・都市整備公団設立　1999 都市基盤整備公団設立
2004 都市再生機構（UR 都市機構）設立
町並み保存・古民家再生　1996 登録有形文化財（建造物）
2015 空家等対策の推進に関する特別措置法 施行空家バンク

1972 中銀カプセルタワー（黒川紀章）
1965 コープオリンピア
1967 坂出人工土地（大高正人）
高層マンション・ワンルームマンション
2016 住箱（じゅうばこ）（隈研吾）
2014 食堂付きアパート（仲建築設計スタジオ）

公営住宅 49B 型（日本設計監理協会）
公営住宅 51C 型（吉武泰水研究所）
1991 ネクサスワールド
新たな集住のかたち
52 公務員住宅 RC52 型（建設省営繕局）
2022 中銀カプセルタワービル解体
1957 晴海アパート（前川國男）
1963 六甲の集合住宅（安藤忠雄）　1980〜 2世帯住居
1969〜 代官山ヒルサイドテラス（槇文彦）
1964 建設省 老人向け公営住宅
1968 コーポラティブハウス
シェアハウス
コレクティブハウス
ケア付きマンション
グランピング タイニーハウス
2017 無印良品の小屋（一般販売）
プレファブ住宅
DINKS の家
SOHO 型住居
2015 小さな五角形の家（堀部安嗣）
1971 セキスイハイム M1
1959 大和ミゼットハウス
1976 住吉の長屋（安藤忠雄）
1976 中野本町の家（伊藤豊雄）
1978 ナジャの家（北川原温）
2002 ナチュラル・エリップス（遠藤政樹、池上昌弘）
2019 LOVE² HOUSE（保坂猛）
立体最小限住宅（池辺陽）
51 森博士の家（清家清）
953 丹下健三自邸　1966 塔の家（東孝光）
1956 スカイハウス（菊竹清訓）　1972 反住器（毛綱毅曠）
1970 個室群住居（黒沢隆）
1995 箱の家（難波和彦）
2002 独身者の住まい（竹山聖）
1961 から傘の家（篠原一男）
1966 白の家（篠原一男）
1966 川合健二邸
1962 軽井沢の山荘（吉村順三）
1975 幻庵（石山修武）
1992 岡山の住宅（山本理顕）
1994 青葉台ボンエルフ（宮脇檀）
別荘建築
ニュータウン
1960〜 ニュータウン
シニアビレッジ
リゾートマンション

2009 断捨離（やましたひでこ）
2020 新しい生活様式（新型コロナウイルス感染症専門家会議）

51〜 ダイニング・キッチン
1955 ステンレスシンク　1975 システムキッチン
1956 台所セット（公団建築部、浜口ミホ）
水洗トイレ普及
ドラム式洗濯機
冷蔵庫、テレビ、洗濯機
バスルームユニット
空気洗浄機

19

1-3　家族の変容と住まい

◆◆ 学習のねらい ◆◆

家族のあり方は、時代とともに変遷するものです。ここでは、そうした家族の変容と、それに伴う住まいの変化について考えてみましょう。

1 核家族の登場と住まい

1. 標準家族としての核家族

両親と子どもによって構成される家族形態を**核家族**といいます。日本ではかつて、3世代の血のつながりのある者が共に暮らす家族が主流でしたが、1960年代以降の戦後の経済成長期に多くの若者が都市部に上京し、自分の家族を持つようになった時期から核家族が増加し、**標準家族**として家族形態の主流を占めるようになりました。

2. 核家族のための住まい

標準化された核家族に対する住宅のあり方を早い段階から模索した研究者として**西山夘三**がいます。西山は第2次世界大戦前〜中の時期に、当時の住宅営団の技師を務めていましたが、その当時から不特定多数の家族に対して住宅を供給する手法を検討していました（①）。

西山のこの考え方は、高度経済成長期に住宅需要の高まりを見せた日本の住宅市場に大きな影響を及ぼしました。公営住宅・公団住宅（現在の都市再生機構住宅）などの公的な集合住宅では、標準的な核家族を想定し、その家族規模に応じた住宅が数多く供給されました。その結果、子どもの数（＝個室の数）に1（＝夫婦の寝室）を加えた数字とLDKを組み合わせたnLDK型が核家族のための住宅平面の原型として確立されました。

3. 居住水準と住まい

住宅不足の解消や住宅の質の向上のため1966年から2006年の間、日本の住宅政策を推進するため、5年おきに第1期〜第8期まで策定されていた住宅建設五箇年計画では、**居住水準**が設定されていました。

最初の居住水準は、1985年を目標年次とした

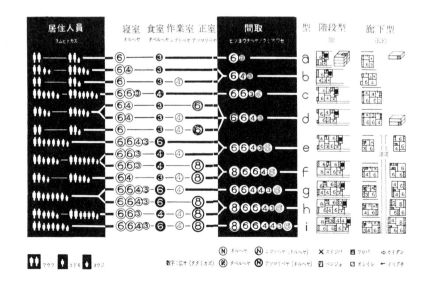

① 西山夘三が提案した標準住居

第3期（1976〜80年）に設定され、核家族を想定した全国一律のものでした（②）。その後の人口構造の変化や家族の変容に伴い、第5期（1986〜1990年）に設定され2000年を目標年次とした居住水準では、高齢者の単身世帯や同居世帯も想定されるようになりました（③）。

2 家族の変容と多様化

1. 小規模化に向けた変容

　日本の人口構造の変化は、1980年代に高齢化が認識されていましたが、その後1990〜2000年代に入り、少子化や人口減少などの現象が生じました。加えて、若年層の非婚化・晩婚化、離婚の増加、親世帯と子世帯の世帯分離などもあり、日本の家族は、**単身世帯**、**夫婦世帯**など小規模化の方向へ変容を遂げています（④）。このような家族の小規模化の現象は欧米諸国などでも生じており、英語では「Shrinking Household」（縮小する世帯）と表現されています。

世帯人員	室構成	居住面積
1人	1K	7.5 ㎡（4.5 畳）
2人	1DK	17.5 ㎡（10.5 畳）
3人	2DK	25.0 ㎡（15.0 畳）
4人	3DK	32.5 ㎡（19.5 畳）
5人	3DK	37.5 ㎡（22.5 畳）
6人	4DK	45.0 ㎡（27.0 畳）
7人	5DK	52.5 ㎡（31.5 畳）

② 最低居住水準（第3期）

世帯人員	室構成	居住面積
1人	1DK	20.0 ㎡（12.0 畳）
1人 （中高齢単身）	1DK	23.0 ㎡（14.0 畳）
2人	1LDK	33.0 ㎡（20.0 畳）
3人	2LDK	46.0 ㎡（28.0 畳）
4人	3LDK	59.0 ㎡（36.0 畳）
5人	4LDK	69.0 ㎡（42.0 畳）
5人 （高齢単身含む）	4LLDK	79.0 ㎡（48.0 畳）
6人	4LDK	74.5 ㎡（45.5 畳）
6人 （高齢夫婦含む）	4LLDK	84.5 ㎡（51.5 畳）

③ 誘導居住水準（都市型）（第5期）

2. 拡大化に向けた変容

　拡大化する家族では、**3世代世帯**や**複合家族**、**再構築家族**があげられます。3世代世帯は、親世帯＋子どもを含む子世帯によって構成されているかつての日本の標準家族です。④からも分かる通り、その世帯数自体はあまり減少していませんが、家族世帯数の増加および小規模世帯の増加に伴い、総世帯数に占める割合が減少しています。複合家族は、3世代世帯がさらに拡大した多世帯家族ですが、日本ではあまり一般的ではなく、海外では、経済的な理由や文化的背景から大家族を選択する事例があります。

　再構築家族とは、離婚や再婚が繰り返される中で、子どもを中心に複数の世帯が重なり合う家族を意味します。以前より離婚率の高い欧米に見受けられた家族形態ですが、近年、離婚率が増加している日本でも見られるようになっています。

3. 血縁に依らない家族と住まいの登場

　非婚者あるいは単身世帯が増加するに従い、血縁に依らず、協同することや共に暮らすこと、支え合うことを目的とした新しい家族的な住まい方が登場しています。**コレクティブハウジング、コーポラティブハウス、シェアードハウジング、グ**

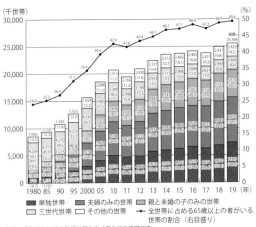

④ 65歳以上の者のいる世帯数及び構成割合（世帯構造別）と全世帯に占める65歳以上の者がいる世帯の割合

1980年には50%の世帯が3世代世帯であったのに対し、2019年には、夫婦のみ世帯と単身世帯の合計が半数を占めるようになった。

ループホーム、**グループリビング**などの集合住宅がそれに該当します。

それぞれの住宅において、集合の形態や所有の条件、運営方法、居住者の心身の状況など諸条件は異なりますが、「生活時間や住まいの空間の一部を血縁に依らない者同士で共有する」という共通点があります。ライフスタイルに対し同じ理想を持つ仲間、経済的な理由から生活を分かち合う仲間を求める人、同じ障害のある仲間同士など、従来の枠組みにとらわれず、共に暮らしたい仲間と生活できる住まい方として期待されています。

4. 高齢者にとっての家族

上述した家族の変容・多様化は、高齢者の生活に大きな変化をもたらしています。これまでは、高齢夫婦や配偶者を失った後の高齢者は、子世帯と同居するケースが少なくありませんでしたが、近年では同居率は低下し、高齢夫婦世帯や高齢の単身世帯が増加しています。高齢者世帯が子世帯と同居している場合には、平時の見守りや緊急時の対応、介護が必要になった場合の担い手が家族内に存在していましたが、高齢者のみの世帯では、こうした支援の提供者が身近に存在しません。現在では、かつて家族が担っていた

役割を商業サービスや公的な福祉サービスが負担するようになっています。たとえば、ひとり暮らし高齢者の緊急時および安否確認の対応として、地方自治体や民間企業による緊急通報システム事業があげられます。また、介護が必要になった高齢者に対しては、公的な介護保険制度によって、施設への入所、在宅での介護サービスの提供、住環境整備などのサービスが提供されます。より一層の高齢化社会の進行や高齢者自身のライフスタイルの変化に応じて、さらなるサービスの整備・拡充が求められています。

3 家族にとっての新しい住まい

1. 脱nLDK型住宅への模索

家族形態の変容に伴い、核家族の居住を想定したnLDK型住宅から脱却した新しい住まいのあり方が模索されています。1998年から2000年にかけて建設された岐阜県営住宅ハイタウン北方は、4人の女性建築家が、従来のnLDK型の核家族住宅から脱却するために新しい住宅のあり方を提案した事例です。2人の日本人建築家、**妹島和世**と**高橋晶子**による提案は⑤⑥に示した通りです。妹島案では、1住戸としての境界は設けず、均質化した「部屋」を単位として考え、それ

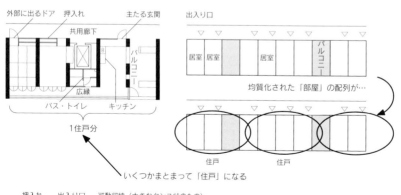

⑤ **妹島棟**
同じ広さで同じ空間の質を持つ「部屋」を単位として、それをいくつか並べて1住戸とする構成。「選択性によるフレキシビリティ」と説明できる。

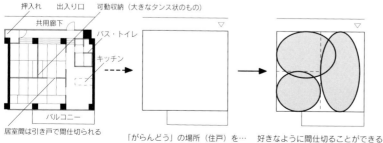

⑥ **高橋棟**
1つの住戸を「がらんどう」の場所としてつくり、住まい手が独自に間仕切ることができるようにした。「可変性によるフレキシビリティ」と説明できる。

をいくつか並べて1つの「住戸」とする構成をとりました。一方、高橋案では、1つの住戸を大きな空間である「がらんどう」の場所としてつくり、居住者が引き戸や可動収納を用いて独自に間仕切りを設けられるようにしました。いずれも、そこに暮らす居住者の住宅に求める条件（**住要求**）に応じた住空間が計画できる提案になっています。

2. 家族のための住まい

1人の人間あるいは1つの家族にとって家族構成は固定化されたものではなく、時の移り変わりとともに家族の役割や構成は変化していきます。一般的には結婚をスタート地点として、夫婦2人の新婚期→夫婦と乳幼児によって構成される子育て期→夫婦と学童期・青年期の子どもによって構成される生育期→子どもが独立し夫婦2人に戻る時期→配偶者に先立たれ単身で居住あるいは子世代と同居する時期へと変遷していきます。このような時間とともに人や家族に生じる周期的な変化を**ライフサイクル（ファミリーサイクル）**と呼びます。本来住まいとは、ファミリーサイクルに応じた住要求を満たすものでなければなりません。ファミリーサイクルに応じた住要求を実現させるためには、住み方の変化（部屋の場所を移動する、家具の置き方を変える）、改造、増改築、建て替え、住み替え、などの方法があります。

3. 共に暮らすための住まい

集合住宅の住民を緩やかにつなげると同時に、多様化するライフスタイルへの対応を視野に入れた新しいタイプの住宅も登場しています。埼玉県さいたま市にあった浦和アトリエ村の跡地に新たな暮らしの共同体をつくり出すことを目的とした「コミューンときわ」という集合住宅があります（⑦）。この集合住宅は55世帯からなる賃貸住宅ですが、ひとり暮らしから家族向けまで多様な住戸平面が用意されています。これらの住戸はDIYが可能であり、住み始めてから自分のライフスタイルに合った住戸へと育てることが可能です。また、在宅での仕事を可能にするSOHO型の住宅も用意されています。

この住宅には住民をつなぐコミュニティマネジャーが常駐しており、多様な住民が日常の関係性を構築したり暮らしを楽しむための支援を行っています。住宅は中庭形式で建てられており、この中庭は、放課後に子どもが遊んだり、母親同士の会話や休日のくつろぎのために利用されています。時にはイベントもこの中庭で開催されます。共用の場所として、その他にスタジオや屋上菜園もあります。また、1階には飲食店もあり、住民や町の人々が日常的に集うことのできる、町にひらかれた場所づくりが目指されています。

民間事業者の試みですが、住民のみならず地域コミュニティの活性化に資する好事例です。

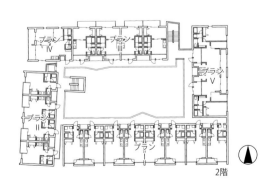
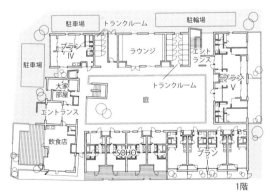

⑦ コミューンときわの1階・2階平面図

人にとっての住まいの意味

◆◆ 学習のねらい ◆◆

住まいのかたちは、地域によっても時代によっても多様な姿を見せてくれます。住まいは生活の器であるといわれています。ここでは、住まいに含まれた様々な意味を考えてみましょう。

1 身を守るシェルター

　自然環境は、決して人にやさしいものではありません。睡眠時や子育て中など、私たちが比較的無防備であるときには大きな脅威となります。冬の寒さはもちろんのこと、夏の暑さ、雨や雪、直射日光や強い風なども、生活や生命が危険にさらされる要因になります。動物や昆虫が私たちの生命や財産を脅かすこともあります。

　こうした様々な外的脅威から避難するため、洞窟を利用したり、簡易的な小屋のような住まいは、最も素朴な形態といえるでしょう（①②）。そして、寒冷地や高温多湿な地域、あるいは乾燥地域など、それぞれの気候・風土に対応するため、様々に工夫が重ねられ、地域ごとに多様な形態

の住まいがつくられてきました（③〜⑤）。いずれも、家族の生命や生活、財産を守るものであり、住まいがあるからこそ、私たちは安心して眠り、子どもを育て、蓄財することができるのです。

2 生活の器

　住まいは**生活の器**であるといわれています。住まいの中では実に様々な生活行為が行われています。睡眠、更衣、食事、調理、排泄、入浴、団らん、育児、勉強等々、どんな住まいにでも見られる行為があり、それらの用途に合わせた空間や設備が備えられています。住まいは、私たちの生活に適合した環境を提供し、日常の生活を支える役割を果たしています。

① アフリカの円形住居

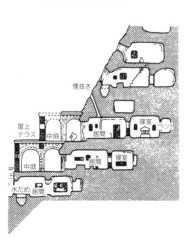

② カッパドキアの洞窟住居

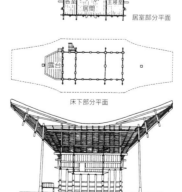

③ 高温多湿なインドネシアにおける舟形屋根を持つ高床式住居

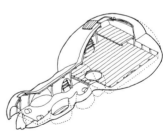

④ 寒冷な北極海沿岸の半地下住居

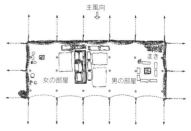

⑤ ベドウィン（遊牧民）のテント

　私たちの生活のかたちや住まいに対する要求は、時代によっても、また地域や文化によっても異なっています。歴史的に見ると、住まいは家族の生活を支えるだけでなく、生産や経営の場であることが多く、時には医療や介護の場であり、教育の場であり、地域の会合や行事の行われる場でもありました。それぞれの住まいには、そうした生活行為に合わせた空間や設備が設けられ、その時代の、あるいはその地域や文化の生活の様子が反映されています（⑥⑦）。

3 住まい手との適合

　さらに、それぞれの住まいには、そこに住む家族の生活が映し出されています。私たち1人ひとりに個性があり、考え方が異なるように、住まいもそれぞれの家族のライフスタイルや価値観、家族に関しての考え方などが反映された、個別の環境がつくり出されています。住まいが個別の環境になるのは、その住まいの環境が住まい手によってつくり出されたものだからです。**セルフビルド（自力建設）**による住まいは言うまでもなく（⑧）、通常の住まいも、自ら家具をレイアウトし、

必要な道具を設置し、思い出の品を持ち込み、好きに飾りつけることで、自分たちの住みやすい環境に変容させています（⑨）。住まい手が環境に働きかけて環境を自分に適合（fit）させること（**環境の個人化＝personalization**）によって、私たちは環境に馴染んでいるといえます。

　このような住まいの環境は、自分や家族の記憶と結びついた、重要な意味を持つ環境になっているはずです。住まいと住まい手との間には、少しずつ時間をかけて緊密な心理的結びつきが形成されているのです。このような、特定の対象との心理的な結びつきは、**愛着（attachment）**と呼ばれています。

　住まいに対する愛着は、私たち自身の心理的な安定や安心にとって重要な役割を果たしています。私たちが住まいにいるときに落ち着いて安心していられるのは、そこが快適な環境であるだけでなく、その心理的な結びつきによって、安定した自分の存在（**アイデンティティ**）を確認しているからでもあるのです。

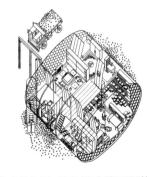

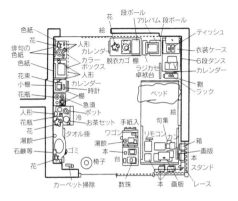

⑧ ドラムカンの家（川合健二設計）
セルフビルド住宅の例。個性が際立っている。

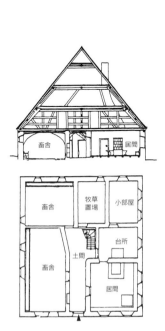

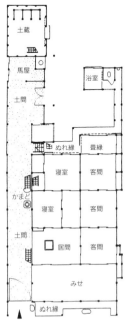

⑥ ドイツ西部の農家
家畜とともに住まう。

⑦ 日本の町家
細長い敷地を利用した店舗併用の住居。

⑨ 特別養護老人ホームの居室におけるパーソナライゼーションの例

4 社会的関係を紡ぐ

　住まいは、私たちにとって最も基本的な**帰属集団**である家族のかかわりを紡いでいます。家族の形態は文化によって様々であり、それは住まいの構成にも反映されています。複数の棟が集合して拡大家族を結びつける住まい（⑩）もあれば、集団で居住し男女で明確に領域分けを行う住まい（⑪）もあります。

　従来、住まいは地域とのかかわりが強く、地域に対して開かれたものでした。多くの住まいには、外から他者を迎え入れもてなす機能が備わっています。日本の伝統的住まいには、家族よりも優先して客間や応接間といった接客のための空間が設けられています（⑫）。

　さらに住まいは、社会的秩序を維持したり地域の文化を担う役割をも果たしていました。有力者であれば、地域の会合を開くための空間やマツリゴトの空間、儀式・儀礼のための空間等が設けられます（⑬）。そうしたことから、社会的に認識される住まいには、自分の成功や権力を誇示するような、ステイタスシンボルとしての意味も付加されています（⑭）。

5 まちを形成する

　住まいは、単独でその意味を持つだけでなく、集合することによって、集落や都市を形成します。住まい同士が背を向けていたり、好き勝手に自己主張しているのではなく、住まいが周囲とかかわり、まちに寄与することによって、そして住まい同士もよりよい関係をつくっていくことによって、生活しやすく、豊かで魅力的なまちが形成されていきます。

　特に住まいが密集して都市が形成される場合、高密度な環境の中で通風や採光、プライバシーを保つため、中庭型の住まいが多く見られます（⑮）。また、統一感のある住まいが密度高く軒を

⑩ アフリカの集合住居（コンパウンド）
首長を中心にして、拡大家族で生活する。

⑪ 男の空間と女の空間が分離されたタイ北部の住居
男女の空間はそれぞれ接客空間と家事空間に対応する。

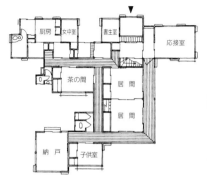

⑫ 大正時代の中流住居
玄関横の応接間や続き間の座敷（居間）など、接客空間が多くを占める。

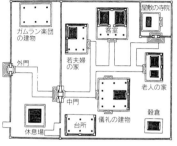

⑬ バリ島の貴族の屋敷
儀礼の空間が重視され、信仰に基づいて厳密に建物が配置される。

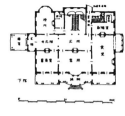

⑭ 明治時代の洋館住居
機能性よりも、支配階層としてのステイタスを誇示するものとしてつくられた。

連ねることで、まちに活気と美しい表情（街並み）が生みだされます（⑯）。

6 住まいの相対的意味

住まいとは、自分にとって馴染み深い世界であり、安全で秩序が感じられる環境です。たとえば外国など、あまりよく知らない環境、あるいは不安を伴う環境から帰ってきたときに、いっそうそのように感じられるでしょう。住まいの価値は、その外側の世界との対比によって、より際立たせられているのです（⑰）。

住まいが安心できる環境だからといって、私たちは住まいの内側にとどまっているわけではありません。外に広がる未知の世界に少しずつ踏み込んでいき、そこで新しいかかわりをつくり上げ、新しい可能性にチャレンジすることによって、私たちは成長・発達しています。その際、いつでも戻ってくることのできる「住まい」という拠点があるからこそ、その外部をただ危険な世界というだけでなく、むしろ私たちが出向いて探索すべき対象として、その価値を捉え直すことができるのでしょう。住まいの存在は、外部に生活を広げていく際の橋渡しの役割を果たしていると考えられます。

私たちにとって、安心できる場所と探索すべき場所のどちらのほうがより大事なのか、という問いはあまり意味を持ちません。その両者があって互いに支え合っているからこそ、その両者の存在が私たちにとってそれぞれの価値をもたらすのでしょう。住まいは、私たちが生存し生活するうえでも、成長・発達するうえでも、社会とかかわっていくうえでも、極めて重要な意味を持っているのです。

⑮ チュニジアの中庭型住居
各家は隣同士で密着して街区を形成する。

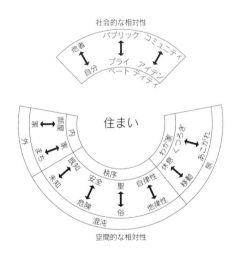

⑰ 住まいの総体的意味（K. Dovey）

⑯ 馬籠の統一感のある街並み
豊かな表情を見せる町家住宅が通り沿いに建ち並ぶ。

生活行為と生活時間

◆◆ 学習のねらい ◆◆

住まいを計画するときには、住まいの中で展開する生活を構造的に捉える視点が必要です。
その視点には、生活行為、生活時間、空間の内容および関係性を捉えることが、重要なポイントになります。

1 生活を捉える視点

1. 社会生活基本調査における生活行為

　私たちの日常生活は生活行為の連続で成り立っています。では、生活行為にはどのような分類・種類があるのでしょう?

　総務省統計局が5年おきに実施している**社会生活基本調査**は、日本人の具体的な生活行為の実態や生活時間の配分を調査するものです。生活行為の調査では「行為」を「活動」と捉え、①に示した通り3つに大別しています。より具体的な生活行為は②のように分類されています。

2. 住まいにおける生活行為

　②において表中、濃いグレーの網かけ部分は、主として住まいで行われる生活行為を意味します。住まいにおける生活行為は、家族生活や住空間との関連から、(1)家族が集まって行う生活行為(食事、団らんなど)、(2)それぞれの家族が個人で行う生活行為(就寝、読書、学習、趣味の活動など)、(3)生理・衛生に関する生活行為(入浴、排泄、整容など)、(4)家事労働に関する生活行為(調理、洗濯、掃除、育児、介護など)の4つに大別されます。

　これらの生活行為を住まいの空間との関係から整理すると③のようになりますが、家族全員で行う生活行為が展開する**公的空間**(パブリックスペース)、個人の生活行為を行う**私的空間**(プライベートスペース)、生理・衛生行為を行う生理的空間、家事労働を行う家事空間など、機能的に似通った生活行為が住空間にグルーピングされて配置されることを**ゾーニング**といいます。また、様々な生活行為には移動を伴いますが、生活の中で人が移動した軌跡を**動線**と呼びます。住ま

いにおいては、この動線が必要以上に長くならないような室空間の配置が必要になります。このような動線の長さ・位置を配慮した住まいの計画を**動線計画**と呼びます。

3. ADL

　生活行為を行うことは、自立して暮らすために重要な条件となります。しかしながら、超高齢社会を迎えた日本では、日常の生活行為に支障が生じている人が数多く存在します。なんらかの病気や老化によって心身に障害のある人々です。このような人たちの障害を補うため、リハビリテーションや住環境整備を実施するときに、生活行為の実態を把握することが課題となります。

　生活行為の実態や不便の程度を把握する際にADLという考え方があります。**ADL**(Activity of Daily Living)は、一般に「日常生活動作」と訳されますが、日常生活を営むうえで普通に行っている生活行為を意味します。具体的には、食事、排泄、整容、移動、入浴といった行為を指します。福祉や医療の領域で一般に使われている用語の1つで、介護の必要な高齢者や障害のある人などが、どの程度自立的な生活が可能かを評価する指標として用いられています。ADLはとても重要な考え方であり、「ADLが自立している」と表現する場合は、一般的には介護を必要としない状況であると考えられます(④)。

4. 起居様式と生活空間

　日本の住まいの大きな特徴として、伝統的な和風の生活様式と洋風の生活様式が混在することがあげられます。このような住まいにおける生活様式を**起居様式**と呼び、空間のしつらえや家具とも強い関係を持ちます。日本の起居様式は、**床**

1次活動	睡眠、食事など生理的に必要な活動
2次活動	仕事、家事など社会生活を営むうえで義務的な性格の強い活動
3次活動	上記以外で各人が自由に使える時間における活動

① 人の生活行為（活動）の分類

区分	行為の種類	内容例示
1次活動	睡眠	夜間の睡眠　昼寝　仮眠
	身の回りの用事	洗顔　入浴　トイレ　身支度　着替え　化粧　整髪　ひげそり　理・美容院でのパーマ、カット
	食事	家庭での食事・飲食　外食店などでの食事・飲食　学校給食　仕事場での食事・飲食
2次活動	通勤・通学	自宅と仕事場の行き帰り　自宅と学校（各種学校・専修学校を含む）との行き帰り
	仕事	通常の仕事　仕事の準備・後片付け　残業　自宅に持ち帰ってする仕事　アルバイト　内職　自営業の手伝い
	学業	学校（小学・中学・高校・高専・短大・大学・大学院・予備校など）の授業や予習・復習・宿題　校内清掃　ホームルーム
	家事	炊事　食事の後片付け　掃除　ごみ捨て　洗濯　アイロンかけ　つくろいもの　布団干し　衣類の整理　片付け　家族の身の回りの世話　家計簿の記入　株価のチェック・株式の売買　庭の草とり　銀行・市役所などの用事　車の手入れ　家具の修繕
	介護・看護	家族・他の世帯にいる親族に対する日常生活における入浴・トイレ・移動・食事などの手助け　看病
	育児	乳児のおむつの取り替え　乳幼児の世話　子どものつきそい　子どもの勉強の相手　子どもの遊び相手
	買い物	食料品・日用品　電化製品・レジャー用品など各種の買い物
3次活動	移動（通勤・通学を除く）	電車やバスに乗っている時間・待ち時間・乗り換え時間　自動車に乗っている時間　歩いている時間
	テレビ・ラジオ・新聞・雑誌	テレビ・ラジオの視聴　新聞・雑誌の購読
	休養・くつろぎ	家族との団らん　仕事場または学校の休憩時間　おやつ・お茶の時間　食休み
	学習・研究（学業以外）	学級・講座・教室　社会通信教育　テレビ・ラジオによる学習・研究　クラブ活動・部活動で行うパソコン学習など　自動車教習
	趣味・娯楽	映画・美術・スポーツなどの観覧・鑑賞　観光地の見物　ドライブ　趣味としての手芸　華道　趣味としての園芸　ペットの世話　麻雀　趣味としての読書　テレビゲーム　クラブ活動・部活動で行う楽器の演奏
	スポーツ	各種競技会　全身運動を伴う遊び　家庭での美容体操　クラブ活動・部活動で行う野球など（学生が授業などで行うスポーツを除く）
	ボランティア活動・社会参加活動	道路や公園の清掃　施設の慰問　点訳　手話　災害地などへの援助物資の調達　福祉のつどい・バザーの開催　献血　高齢者の日常生活の手助け　民生委員　婦人活動　青少年活動　労働運動　政治活動　宗教活動　子ども会の世話　美術館ガイド　リサイクル運動　交通安全運動
	交際・つき合い	会食　知人と飲食　冠婚葬祭　送別会・同窓会への出席および準備　あいさつ回り　見舞い　友達との電話　手紙を書く
	受診・療養	病院での受診・治療　自宅での療養
	その他	求職活動　墓参り

② 生活行為（行動）の種類と区分

座（座方式）と**椅子座**に大別されます。それぞれの特徴および長所、短所は⑤の通りです。

　床座は日本の伝統的な起居様式であり、直接床（畳）に正座やあぐらなどによって着席する様式です。床座空間である和室のしつらえの特徴は、床材が畳であることや壁による間仕切りが少なく、ふすまや障子によって緩やかに空間を区切ることがあげられます。食事や団らんのときはお膳を出して着座し、就寝時は布団を敷くなど、家具を固定しておく必要がないため、和室は様々な使用目的に対応できます。

　一方、椅子座は洋風の起居様式であり、明治期以降、日本の住宅に取り入れられてきましたが、一般庶民の生活に浸透したのは、1960年代の高度経済成長期以降になります。椅子座空間である洋室では、椅子に着座し、食事のときはダイニングテーブルを、就寝時はベッドを利用します。個室はプライバシーを重視した閉鎖的な空間になります。家具が固定されるため、洋室の使用用途も固定されてしまいます。

　現在の日本の住空間には、床座、椅子座およびその両方が混在した**折衷様式**が存在します。一般に、椅子座のほうが立ち座りの動作が楽であるため生活行為の合理化が図られますが、日本の住文化を受け継いだ床座の生活空間に愛着や誇りを覚える人も少なくありません。

　高齢化の進む日本では、足腰の筋力が衰えた高齢者の身体特性を考えた場合、椅子座の起居様式のほうが、本人への負担や介護労働の軽減に効果的であると考えられています。しかしながらお年寄りの中には、畳や障子の残った床座の空間を好む人が多く存在します。動作負担の少ない椅子座の生活空間の中に伝統的な和風のしつらえを取り入れる工夫が求められています。

③ 生活行為と住空間のゾーニング

④ 住環境によってADLが自立している事例
トイレの床面積を広げたり手すりを設置することが自立につながる。

	空間のしつらえ・特徴	長所	短所
床座	・日本の伝統的な生活様式 ・床は畳、建具は障子や襖 ・収納として押入れがある ・部屋の用途は柔軟 ・畳に直接着座する ・布団で就寝できる	・床に直接座ることができる ・くつろげる、落ち着ける ・伝統的な住文化を体験できる ・部屋が転用できる ・畳は保温性・弾力性がある	・介護労働への負担が大 ・足腰への負担が大 ・部屋の用途が定まらない ・立ち座りの負担が大きいため 　作業効率が悪い ・顔面の位置が低いため床からの 　粉じんを吸いやすい
椅子座	・欧米の生活様式 ・建具は開き戸で気密性が高い ・用途によって家具を設置 ・部屋の用途が固定化する ・椅子に着座する ・就寝時はベットを使用	・足腰への負担が軽い ・作業効率が良い ・部屋の用途が固定できる ・衛生的 ・介護労働への負担が少ない	・日本人にはくつろげない ・転倒の危険性あり ・家具を設置する必要あり ・部屋の用途が固定化する ・家具を置く面積が必要
折衷様式	・床座と椅子座が混在している混在している生活様式 ・床座と椅子座の長所を取り入れられる ・フローリングの空間に置く畳、椅子座のこたつなどの商品が登場している		

⑤ 起居様式の特徴

2 生活行為と生活時間

　1日24時間の限られた時間を、様々な生活行為にどのくらい配分して使っているか把握することも、私たちの生活を充実させるうえで重要なポイントになります。

　1日の**生活時間**は、各個人や家族ごとにある一定のリズムがあります。就労している成人や就学中の子ども、あるいは核家族世帯の生活時間には共通性が見出せます。一方、平日と休日、既婚者と未婚者、男性と女性を比較した場合には、生活時間の配分は異なります。

　日本人の生活時間の実態を調査したものには、前述した社会生活基本調査やNHKが1960年以降5年ごとに実施している国民生活時間調査があります。図の⑥や⑦は2021年（令和3年）社会生活基本調査から抜粋したデータで、それぞれの行動について週全体の平均値を男女別に示したものになります。

　過去20年間の推移では、身のまわりの用事や趣味・娯楽などの時間は増加傾向ですが、交際・付き合いの時間は減少傾向となっています。特に交際・付き合いは2016年以降、2021年に向けて大きく減少していますが、これはコロナ禍による外出控えなどの影響が考えられます。また、睡眠時間に関しては2016年までは減少傾向で推移していましたが、2021年は増加に転じています。

　家事関連時間は、2016年と2021年を男女別に比較すると、男性は51分となり7分の増加、女性は3時間24分となり4分ほど減少していますが、依然として男女での家事関連時間の差は大きい状況が続いています。

　こうした日本人の生活時間の傾向から、睡眠をより充実させる寝室のインテリア計画や、増加している趣味・娯楽時間に対応した室計画など住まいづくりにかかわる様々なアイデアが導かれます。

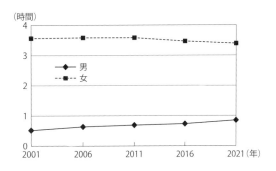

⑦ 男女別家事関連時間の推移（2001～2021年）―週全体

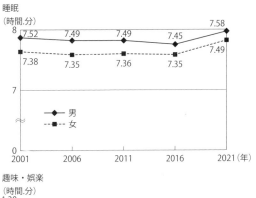

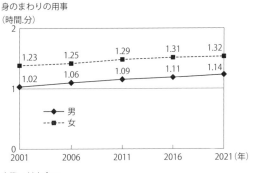

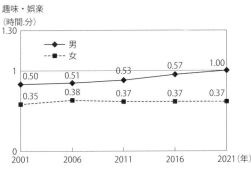

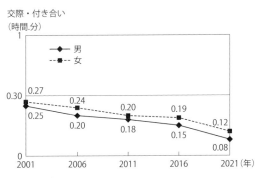

⑥ 男女、主な行動の種類別生活時間（2001～2021年）―週全体

2-2 住まいの単位とモジュール

◆◆ 学習のねらい ◆◆
ここでは、建築の尺度（モジュール）、比例、単位、
住まいの寸法などの関係性を考えてみましょう。

1 空間の尺度

1. モジュールとは

　モジュール（Module）とは、機械用語で交換可能な構成単位を意味しますが、建築では尺度とか規範という意味で、メーターモジュール（メートル尺）のように長さを規定する単位名称として使われます。フランスの建築家ル・コルビュジエは、古代ローマやルネサンスの建築の遺構をヒントに黄金率を割り出す数列が人体の比率にあてはまることを発見し、建築の普遍的調和尺（自然と人体に適し、かつ優美な比率）として、その比率を**モデュロール（黄金尺）**と名づけました。コルビュジエはモデュロールを追求し続け、多くの作品に応用しました（①②）。さらに現代では、人間工学などの分野で、生理学的、科学的な見地から人体や人間の活動に適した寸法規範を見出す研究が進められています。

2. オーダー

　オーダー（Order）とは、ギリシャ・ローマ建築の柱と梁の組合せの形式で、その各部分と全体との比例率や柱頭装飾のことをいい、ドリス、イオニア、コリント、トスカナ、コンポジットなどの種類があります（③）。オーダーの構成は、人体の各部の比率から算定されたといわれており、建物に安定感を与えるために、人間の身体の比例バランスを取り入れたと考えられています。建築は人間がつくるものですが、その中にいて安心感を与える、人間を守るという役目がありますので、外観上もそうした安定感を与える工夫がなされ、さらには所有者の権力や富、威厳や芸術性を表すために複雑な装飾が施されたのです。

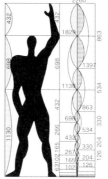

赤	青
6	
9	11
15	18
24	30
39	48
63	78
102	126
165	204
267	330
432	534
698	863
1130	1397
1829	2260
2959	3658
4788	5918
7747	9576
12535	15494

① ル・コルビュジエのモデュロール

人の身長を183cm、手を上げた高さ229cm、へその高さ113cmなど、黄金尺と人体寸法との関係性を明快に表している。

② ユニテ（ル・コルビュジエ設計、1957年、マルセイユ）

ユニテ・ダビタシオン。1階にピロティ、屋上には屋上庭園があり、開口部にはブリーズ・ソレイユ（日よけ）が設置されている。住戸は18階建て337戸23タイプで、全体計画および断面、立面、各戸平面、家具造作、柱などがモデュロールにもとづき計画されている。

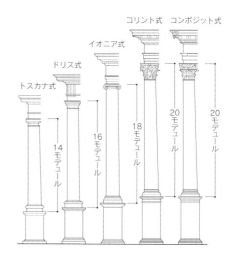

③ ギリシャ、ローマのオーダー

3. 比例

比例を英訳すると**proportion**です。建物のバランスとプロポーションを整えるために、西洋では古くから様々な比例が用いられました。特にルネサンス期には、**1：1、1：2、1：$\sqrt{2}$** のほかに、**黄金比**という比例が用いられました。黄金比は、人間が認識する最もバランスのとれた美しい比例とされており、**1：1.618**の割合となります。この比例は絵画などの美術作品の構図にも頻繁に用いられています。日本で馴染みの深いところでは、名刺の縦横寸法が黄金比になっています（④）。

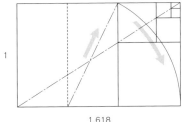

④ 黄金比・黄金矩形
正方形の2等分矩形の対角線の長さと2等分線を加えた線分が1.618の長さとなる。図のように黄金矩形は、正方形＋黄金矩形に限りなく分割できる。

2 寸法の単位

1. 海外の寸法単位

18世紀までの西洋では、民族、国や都市ごとに1単位の大きさや名称が異なっており、寸法規準は非常に多様でした。1790年にフランスの国民会議で、国際的に統一した単位系をつくることが宣言され、1799年にパリを通る子午線の1象限の1,000万分の1の長さを1mとし、4℃の水1cm³の質量を1gとする新単位が決定されました。1899年には**国際メートル法**が確立され、1959年に日本でもそれにならいました。しかし、現在でも、過去の寸法単位に沿った建築構法や材料単位が残っており、そのつどメートル法に置き換える場合も少なくありません（⑤）。アメリカ合衆国では現在もフィート、インチが使用されており、12進法で長さの数値表記がなされます。たとえば、**ツーバイフォー**とは、断面が2×4インチの木造部材の組合せで建物のフレームを組む、アメリカ合衆国由来の構法を指します。

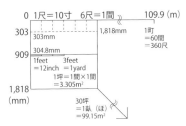

⑤ 長さ・面積の単位
メートル法が国際標準。現在でもアメリカではフィートを用いており、日本でもしばしば尺寸が使用される。

2. 日本の寸法単位

日本ではメートル法に変わる以前、尺寸の寸法単位を用いていました。1丈＝3.03m＝10尺＝100寸という単位です。これは**丈間物**といって、長さ1丈（3.03m）4寸角（12.12×12.12cm）の角材を、2ツ割りにして敷居や鴨居に、4ツ割りにして垂木、6ツ割りで格子、8ツ割りで野縁、12ツ割りは腰板や天井板というように、建材の寸法単位にもなっていました（⑥）。ちなみに、鴨長明の『方丈記』は、作者自身が1丈四方（3.03m角）の

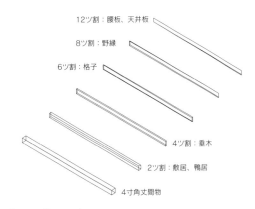

⑥ 丈間物の用途
4寸角長さ1丈（3.03m）の木材を、2、4、6、8、12に割って、木造建築の各所に用いた。

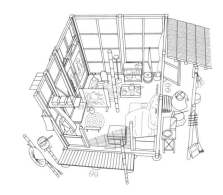

⑦ 方丈の庵の復元
3.03×3.03mの可動式住居。衝立ひとつによって、書斎、茶の間、台所、寝間の領域分けがなされている。

大きさの、可動組立て式住居での生活や出来事を著した随筆です（⑦）。尺寸は、畳、柱間、柱など日本の木造建築の部材寸法の基準となっています。畳の寸法は、関東間が5.8×2.9尺、田舎間が6×3尺、中京間が6.1×3.5尺、京間が6.3×3.15尺というように、地域によって実際の寸法が異なり、最近では団地サイズ5.6×2.8尺もあります（⑧）。「起きて半畳、寝て1畳」というように、畳の大きさは、日本人の居住空間の単位に深くかかわっています。また「1間」は、6尺の長さですが、神社の一間社流造りのように、一般に柱と柱の間を指すので、6尺以外の寸法でも1間という場合があります。広さの単位である「坪」は、1間×1間で約3.3㎡（田舎間2畳）をいいます。このように、国際基準で示す場合はメートル法を、古くからある材料や寸法をいう場合は尺寸を用いるなど、現在の日本でも寸法単位の使い分けがなされています。

3 ユニットと単位空間

現在までに、建築計画分野の様々な研究成果により、住まいの各部分についての標準的な適正基準が示されています（⑨）。各室の寸法は、

| 関東間
5.8×2.9 | 田舎間
6×3 | 中京間
6.1×3.5 | 京間
6.3×3.15 | 団地
5.6×2.8 |

⑧ 畳の寸法
地域によって畳の寸法は異なる。たとえば、京間と団地サイズを比較すると、6畳間で2.28㎡も京間のほうが広くなる。

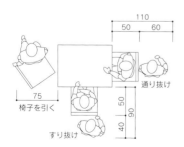

⑨ 食事の動作空間
静止時の寸法のほかに、椅子を引く、周囲をすり抜ける、通り抜けるなどの操作のための空間を確保する必要がある。

部屋の大きさ、キッチン、冷蔵庫、洗面器などの設備が設置されるスペースと、机、椅子などの家具配置、そこで行われる動作と滞留、移動、すれ違いや共同作業に必要なスペースを総合的に考慮して計画します。さらにそれぞれの接続箇所には、扉の開閉や視線、圧迫感、音やにおいの状況によって、クリアランスや余裕のスペースを考慮する必要があります（⑩）。また、階段の蹴上げと踏み面、スロープの勾配、居室の天井高などは、**建築基準法**や**条例**により最大値や最小値が規定されています。これまでに実現した最小居住ユニットでは、**黒川紀章**設計による中銀カプセルタワービル（1972年、2022年解体、⑪）、黒沢隆設計による個人用居住単位（2.4×8.1m＝19.4㎡）があげられます。

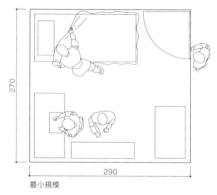

最小規模

⑩ 動作空間の複合
ベッドメーキング、机から本棚への移動、物を持ってのドアの開け閉めなど、それぞれの動作に必要な空間を考慮する必要がある。

⑪ 中銀カプセルタワービル（黒川紀章設計、2022年解体）
1室10㎡の中に、寝室、書斎、キッチン、ユニットバスが収まる。

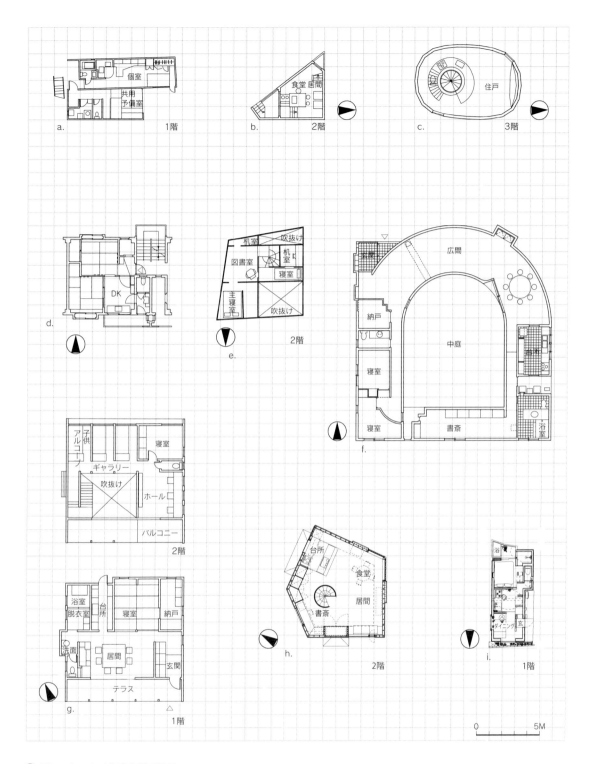

⑫ 同じスケールで住宅を見てみる

上段左から、a.黒沢隆設計「個人用住居単位（ホシカワ・キュービクルズ）」(1977年)、b.東孝光設計「塔の家」(1966年)、c.遠藤政樹＋池田昌弘設計「ナチュラル・エリップス」(2002年)

中段左から、d.吉武泰水・鈴木成文ほか設計「51CN型公営住宅プラン」(1951年)、e.妹島和世設計「梅林の家」(2003年)、f.伊東豊雄設計「中野本町の家」(1976年)

下段左から、g.難波和彦設計「箱の家1」(1995年)、h.堀部安嗣設計「小さな五角形の家」(2015年) 2階平面図、i.保坂猛設計「LOVE^2 HOUSE」(2019年)

2-3 公的空間と私的空間の計画

◆◆ 学習のねらい ◆◆

公的空間と私的空間の意味について理解し、公室と私室が並列する例と仕切りがオープンな例、家族の成長による変化の必要性などを考えてみましょう。

1 住宅の公的・私的空間

　公的空間（パブリックスペース）の中心となるのが食堂と居間です。家族が集まり、一緒に食事や団らんを楽しむ空間であり、家族が共有する空間です。公的空間にはそのほかに、玄関、廊下、浴室、洗面、トイレなど、共同で使用するスペースも含まれます。また台所、家事室や書斎など、おおよそ使用する人は決まっていても、共有するスペースもあります。**私的空間**（プライベートスペース）とは、個室や子ども部屋など使用する人が限られている専有の空間となります。

　前節（2-2）で学習したように、家族個人の個室という考えは、日本では近代以降に生まれたもので、西山夘三の**公私室型住空間**（①）にその概念が明快に表されています。こうした公私室型住宅の間取りを示す記号として、nLDKという呼び方があります。nは個室の数をいい、LDKはリビング、ダイニング、キッチンを表します。nは、家族の人数−1で算出されます。山本理顕が修士論文で提示した図を見ると（②）、中央の図は主婦が家全体を管理（掃除など）している状態、しかし家族が個室に入っているとき、主婦の専有スペースがないことを表しているといいます。磯野家（③）は4K+DLと表せるでしょう。住宅の中心に居間と客間があり、日常の出来事はほとんどがこの2つの部屋で起こります。3つの私室はちょうど住宅の3方の端に分かれており、就寝時はほどよいプライバシーが確保される配置になっています。

2 家族の成長に合わせた変化

　住宅では、家族の成長や構成の変化に伴って、必要な公的・私的空間が変化します。子どもは成

① 公私室型住空間（西山夘三）

戦後初期の狭小住宅の改修に向けた設計コンセプト。個室や付属室がすべて公室へ向いている。

② 山本理顕モデル

1970年に修士論文で提示した概念図。家族それぞれが外への出口、専有スペースを持っている。母親は、住宅全体を管理しながら、外とのつながりも専有スペースも持っていない状態を表している。

③ 磯野家（サザエさん）

居間と客間が中心の2世帯住宅。居間の扉を開ければ、子ども部屋からの出入りが把握できる。サザエさんの部屋は、L字型の廊下によって分離されており、プライバシーが保たれる。

④ ジャン・プルーヴェ自邸

北側一面に構造を兼ねた収納棚と廊下があり、広いリビングと1mモジュールの個室が並列している。2×3mは、子ども室として最適な広さであるとした。

長するにつれ持ち物が増え、個室を欲するでしょうし、台所で子どもが家事のお手伝いや料理をしたりなど、協働の行為も増えるため、専有と共有の領域が変化していきます。住宅計画は、そうした家族行為の変化にも対応可能なように、ある程度の柔軟性を確保することが必要です。

フランスの建築家**ジャン・プルーヴェ**による自邸（1956年）は、厚さ60cmの構造体と１ｍモジュールの外壁ユニットを用いた、常設の組立式住宅として先駆的な事例です（④）。間取りを見ると、居間を大きく取り、個室とサービスを単純明快に並列させています。プルーヴェは、２×３ｍが子ども室として最適な広さであるとし、小さな机とベッドがようやく入る室としました。１人でぐっすり眠ることと、集中して勉強することが子ども室にとって大切と考えたのでしょう。

清家清設計による**私の家**（1954年）を見ると、仕切り壁によって領域分けがなされた扉のないワンルームで、中央のＴの字形の仕切りによって、公室・私室が分かれています。収納は北側の棚にすべて集約されていますので、現在の家族の持ち物がどれだけあるか、ひと目で分かるそうです。清家はその後、住宅上部にコンテナ倉庫を増築、敷地内の主屋を改修・建て替え（続・私の家、1970年）などして、家族の成長に合わせた住宅を計画し続けました（⑤）。

3 アパートメントの公的空間

現在、日本の１住戸当たりの人数は減少し続けています。子どもの数の減少とともに、多世代世帯が減少しているからです。居住者が共有のキッチンやリビングを持って家事の一部を分担するコレクティブハウスなどについては第２部で学習するとして、ここではアパートメントの公的空間の計画事例を紹介します。

仲建築設計スタジオ設計の**食堂付きアパート**（2014年）は、地下１階地上３階で５つのSOHO住戸（スタジオ、寝室）、食堂とシェアオフィスからなる単身者用の集合住宅です。道路に面して屋外席のあるカフェ（食堂）があり、「立体路地」と呼ばれる階段踊り場兼玄関テラスが、３階の住戸まで外部空間を引き込んでいます。住戸のスタジオは「立体路地」と一体的につながり、キッチン・ダイニングと居間を兼ねており、奥にプライベート空間となる寝室とサニタリーを配しています。街路→屋外食堂→路地→シェアオフィス→スタジオ→寝室へと、公的空間（町）を段階的に生活空間へ引き込みつつ「住まい」としての空間が絶妙に分節されています。

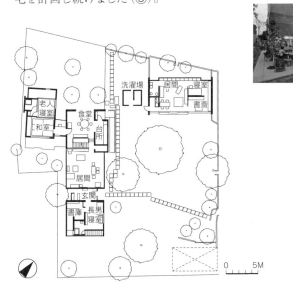

⑤　私の家、続・私の家（清家清設計）
1970年当時北端の矩形平面が私の家、西側が両親が住んでいた主屋を建て替えた続・私の家。さらに西側に両親の住居がある。

2階　1：300

1階　1：300

⑥　食堂付きアパート（仲俊治・宇野悠里／仲建築設計スタジオ設計）1階平面図、2階平面図、街路からの外観

縁側、中庭、廊下
—中間領域の必要性

◆◆ 学習のねらい ◆◆
外部の自然環境をやわらげつつ室内に取り込む緩衝領域と、住まいにゆとりをもたらす余剰空間の機能と意味について考えてみましょう。

1 縁

　縁は、和風住宅の座敷の外側に巡らした幅900mm程度の板敷きの部分で、縁の外側に雨戸、ガラス戸などがあるものを縁側、縁と座敷の間に戸があるものを濡れ縁といいます。そもそも縁の意味とは「つながり、ゆかり、かかわり」など、モノとモノ（人と人）をつなぐ意味があります。そうした意味では、書院造りの縁も、連結する座敷をつなぐ動線の役割を担っています。また、外と内とをつなぐ中間領域的役割も持っていました。こうしたつなぎの領域のことを、緩衝領域ともいいます。雨や湿気の多い日本の風土では、日中、雨や直射日光を避けられる、明るく暖かい縁側は、大変居心地の良い場所であったに違いありません。また縁側は、家族や客人が外部からの出入りする場所となったり、近所の人と談話する接客空間としても利用されていました。お年寄りが縁側に腰掛けてお茶を飲みながら談笑している姿、縁側に座って将棋を指している姿が、かつては日常的に見られました。昭和初期のごく小規模な長屋にも、小さな裏庭と居室の間に縁側が付いていました。縁側と居室の間は掃出し窓となっており、部屋を掃除したちりをそのまま外へ掃き出すことができるため、大変便利でした（①）。

　日本の縁側と同様の空間は、西洋やアジアにもあります。ベランダと呼ばれる、主家の外側にある庇の付いた場所です。ベランダのある住居は、インドのベンガル地方のバンガロー住宅が発祥とされていますが、18世紀以降、英国植民地の住宅に取り入れられてコロニアル様式と呼ばれています。オーストラリアの古民家には、ベランダがしきりに用いられており、ティータイムの団ら

ん、夕涼みや昼寝をする場所として役に立っていました（②）。ベランダは外との間に仕切りはなく半屋外ですが、ベランダに面した開口部には、しばしばフレンチ窓という掃出しの両開き窓がはめられています。このように縁側は、外気に触れながら、余暇やくつろぎの時間を過ごす半屋外空間であり、ゆとりの空間として親しまれていました。

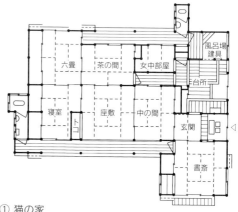

① 猫の家
1890（M23）年から森鴎外、1903（M36）年から夏目漱石が住み、『吾が輩は猫である』を執筆した住居。玄関から台所（女中部屋）、座敷、書斎へと分かれ、座敷には掃出しの縁側がある。

② オーストラリアの古民家
エクスペリメント・ファーム・コテジ、パラマタ（1800年）。庇部分で屋根の勾配が緩やかになり、幅2.7mほどのコの字状のベランダを覆っている。

2 中庭、裏庭

西洋の都市部では、街路に面して間口を連ねる、石造や煉瓦造りの古い住宅の街並みが見られます。これらの住宅では、採光と通風を得るため、**中庭**（コートヤード）や**裏庭**（バックヤード）がとられています。時代はさかのぼりますが、ローマ時代に成立した**ドムス**と呼ばれる中流富裕層向けの住宅は、街路に面して店舗と玄関があり、玄関奥にアトリウムと呼ばれる天窓付きの応接間と、ペリステュリウムと呼ばれる回廊で囲われた中庭があります（③）。中庭を取り囲むように個室が配置され、半屋外の回廊が中間領域となって、住居に自然を取り入れていました。中庭には泉や彫刻、植物などを置いて外気を感じ、リラックスする工夫がなされました。

一方、英国の都市部では近世以降、**テラスハウス**と呼ばれる1〜6層の連続長屋が数多く建設され、現在も使用されています（④⑤）。テラスハウスは一般に広場に面しており、正面から見ると1棟の大きな邸宅のような外観ですが、裏側にはバックエクステンションと呼ばれる低層の下屋と裏庭があり、多くは裏道（ミューズ）が通っています。

近世日本の都市住宅である**町家**は、中庭や通り庭が、住まいにとって大変重要な役割を持っています（⑥⑦）。奥行きの深い敷地に店、座敷、倉などを配し、所々に通り庭、坪庭、中庭、裏庭が配置されています。住居にとって欠かせない採光と通風が得られ、玄関口に水を打てば庭に冷却された風が通り抜けるなど、自然の空調設備ともなっています。⑧正面のない家は町家、⑨スカイハウスは外回廊住宅の現代版といえます。

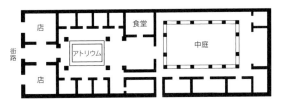

③ ローマのドムス

アトリウムと回廊に囲まれた中庭（ペリステュリウム）を持つドムスで、古代ローマの富裕層の邸宅であった。街路側の大部屋は、居室か貸店舗（タベルナ）として使用された。

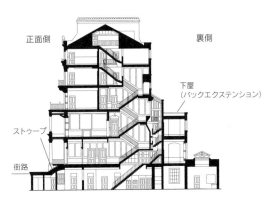

④ アルバート・ハウス（ロンドン）

街路からストゥープと呼ばれる階段で玄関へ入る。半地下にはドライエリアがあり、街路下が石炭倉庫となっている。裏側には下屋や馬車小屋などの離れがあり、ミューズ、アリィ、レーンなどと呼ばれる裏道に通じている。

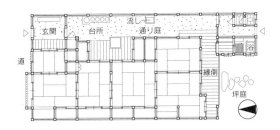

⑥ 京都の町家

玄関は、扉を介して通り庭に通じている。側面に開口部がほとんどないため、正面、通り庭と裏庭が採光・通風口となっている。

⑤ ベッドフォードスクエア　正面と裏側（ロンドン　1775〜1783年）

テラスハウスは四角や円形の広場（スクエア、サークル）の周囲に統一されたデザインで建てられる。街路側（正面）と裏路地（ミューズ）側の外観がことなるのが特徴。

⑦ 京町家の中庭　大西常商店（おおにしつねしょうてん）

明治初期の町家に通り庭と石庭が残る。

⑧ 正面のない家（西沢文隆・浅野雅彦設計、1960年）

敷地を矩形の外壁で囲い取り、内部に中庭、前庭、物干し場など、様々な庭を配している。中庭はプライベートな外部となり、各室の緩衝領域ともなっている。

3 廊下

室内や半屋外の通路で建物の外側にあるものを**外廊下**、建物内に取り込まれて、両側に居室をかまえる廊下を**中廊下**といいます。西洋の戸建て住宅は通常、左右対称の建物の中央にエントランスがあり、玄関ホールや階段室の両側に居室が配置されているため、中廊下となります。日本では明治初期まで、縁側が廊下の役割を兼ねており、座敷は襖や障子を挟んでつながっていたため縁側を通らなくても部屋を移動できましたが、他の部屋を通ることはプライバシーを侵害するうえ個室をつくりにくいため、しばしば問題とされていました。明治後期の住宅改良によって、中廊下型住居が出現してから早くも昭和期にはごく一般的な戸建て住宅の形式となり、現在ではマンションの平面プロトタイプの1つとなっています。2-3で学習したように、住居内の個室を**私的空間**（プライベートスペース）、居間を**公的空間**（パブリックスペース）といいますが、廊下は私と公の部屋をつなぐ**中間領域**ということができます（⑧～⑩）。

4 納戸

辞書で、**納戸**とは「衣服、調度品を収納する部屋。中世以降、屋内の物置部屋をいい、寝室・産室にも用いた」とあります。大きさは、1畳ほどの小さなものから⑪のように7畳半あるものまで様々です。納戸は、現在のように収納のみに使用されたのではなく、季節物をしまう物置、寝室、書斎など臨機応変に使用された、予備室のような

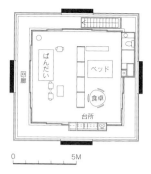

⑨ スカイハウス（菊竹清訓設計、1958年）

4枚の鉄筋コンクリート壁で地上から5m持ち上げられた居室は、回廊に囲われたワンルームとなっている。地面と居室の緩衝領域としてピロティがあり、外部との緩衝帯として回廊が巡っている。

⑩ 中廊下型の3LDK型マンション

部屋の大きさを確保するために、廊下はなるべくなくす努力がなされるが、居室は1部分が外部に面していることが必須のため、外廊下側に2室、テラス側に居間などの大部屋を配し、水回りを廊下で振り分ける間取りとなる。

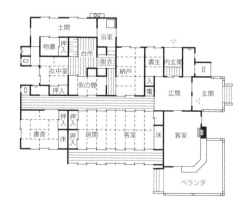

⑪ 様々な規模の収納がある住居（川村邸、1917年）

中廊下型和洋折衷住宅。内玄関脇に書生室と7畳半の納戸、台所横に2畳の物置がある。このように、納戸は収納だけではなく、時により居室としても使われた。

ものだったといえます。日当たりが悪く座敷の用途には適さない北側に配置されていました。図を見ると、座敷の各室には物置や押し入れといった収納スペースがあり、布団や日用品など、日常使用する物はこちらへしまったようです。物置は２畳ほどの広さで納戸よりも狭く、外気と接しない場所にあります。押し入れは通常和室にあり、畳の大きさを目安に奥行き910mm程度となっています。押入れの片側に床の間、違い棚、付け書院など、書院造りのしつらえがなされることもあります。

　現代、私たちは非常に多くのモノに囲まれる生活をしています。それらを常に整理整頓しておく時間と空間に余裕がない生活をしている人も多勢います。本来、快適な生活を営む場所であるべき住まいが、モノに占領されて部屋が使えなかったり、移動や視界の障害になったりすることで、せっかくの住まいが不快で精神的ストレスの多い環境になってしまいます。

5 現代住宅の中間領域

　現在、私たちの生活は、都市や地方といった地理的環境にかかわりなく、モノや情報を手軽に入手することができます。時にはそれらを取捨選択する間もなく、気が付けば周囲がモノや情報であふれかえっているといった状況もあるでしょう。これまでに様々な片付けや整理整頓法が説かれてきましたが、モノに埋もれて身動きが取れない環境を不便と感じない、あるいは放置している状況が続けば将来「汚部屋」や「ごみ屋敷」となり、周囲との関係を遮断して迷惑をかける存在となってしまいます。一方で、「ミニマルハウス」「スーパータイニーハウス」など、生活空間を極限まで削減・集約して生活を循環させる住まい、いわば「宵越しの銭は持たない」、「起きて半畳寝て一畳」といった日本人の庶民意識の再興ともいえる生活空間が現代に生まれています。**保坂猛**設計の自邸「LOVE² HOUSE」（2019年）では、計画の際に江戸時代の４畳半の棟割り長屋を例にとって「６坪は広い」と話し合われたそうです。18.84㎡（６坪）の平屋建ての空間に「学問、入浴、演劇（宗教）、音楽、美食」を充実させつつ「町につながる生活を楽しむ家」をつくり出したとしています。このように、「私たちの住まい」の答えは決して１つではなく、人々がそれぞれの状況に沿って安心・安全に生活を充実させることが大切なのです（⑫⑬）。

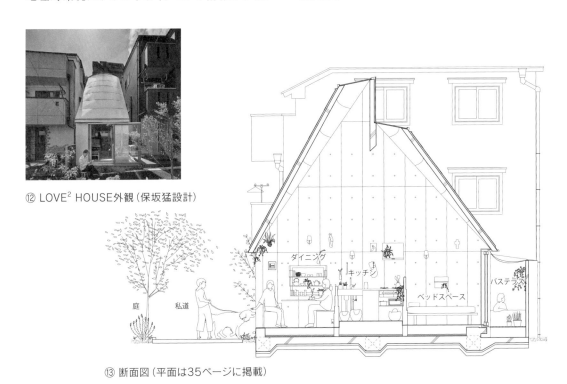

⑫ LOVE² HOUSE外観（保坂猛設計）

⑬ **断面図**（平面は35ページに掲載）

庭　　私道

ダイニング　キッチン　ベッドスペース　バステラス

住まいの領域

◆◆ 学習のねらい ◆◆

住まいは、必要な諸空間を並べるだけで快適な空間になるわけではありません。ここでは、領域という視点から見出される住まいの特徴について考えてみましょう。

1 住まい内部の領域性

住まいは私的な空間といわれていますが、その中は決して一様な空間が広がっているわけではありません。住まいの内部空間は、住む人や訪れる人にとっての意味や、あるいはそこで行われる行為などによって、意味の異なる領域に色分けされ、秩序づけられています。領域の分け方は文化によって異なっており、そうした**領域性**が住まいの形に色濃く反映しています。

一般に欧米の住まいでは、1人ひとりの空間が壁で確保され、個人と家族の領域が明確に区別されるのに対し、日本では空間の仕切りは曖昧で、個人の領域という意識が希薄だと指摘されています（①）。しかしその中にも、特有の領域性の特徴を見ることができます。

2 ハレとケの領域

日本の伝統的な住まいでは、「ハレ」と「ケ」の領域の分離が重視されてきました。

「**ハレ**」とは、晴れがましい非日常的な行事や儀礼の場面であり、「**ケ**」とは日常の生活の場面のことを指しています。接客などに用いられる座敷や客間などの「ハレ」空間は、日常的に用いられることはありませんが、南側の環境の良い場所（オモテ）に設けられています。一方、家族の日常生活を支える台所、茶の間、寝室、収納など「ケ」の空間は、日当たりの悪い北側（オク）に配されます。

このように「ハレ」を「ケ」よりも優先する、という空間構成は、格式や儀礼を重んじる封建的な武士階級の住宅で発展したものですが、農家や

日本式
家族成員は別々の部屋にいることは少なく群をなしていることが多い。部屋は家族の個々人によって分けられているのではなく、家族全体の生活に必要な機能によって分けられている。各部屋の仕切は弱く、家全体が共通の場を形成している。ソトに対してはカベが厚く、開放されていない。

イギリス式
1つの家の中に、それぞれ個室がはっきりあって、1人ひとりが自分だけの場（城）を持っている。他の家族成員との接触は、居間・食堂などのような共通の場で行われる。個人の生活にとって、この共通の場と個室をくらべると、後者のほうが重要な部分を占めている。

インド・イタリア式
それぞれの家族成員に個室はあるが、共通の場がたいへん重要な機能を持っていて1日の大半をそこで過ごす。個室の孤立性はイギリスよりずっと低い。ある個室が共通の場に一時的に開放されたりする。さらに、共通の場はソトに向かっても大きく開かれている。

① 家族の成員と動き方

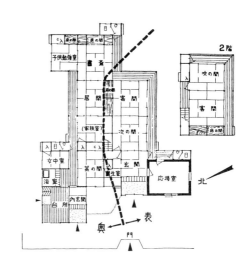

② 大正時代の中流住宅
日本の伝統的住まいでは、表側に接客空間が、奥側に生活空間が配置された、ハレとケの分離が特徴である。

庶民住宅にも浸透していきます。玄関のすぐ横に設けられる洋風の応接間や、床の間のある続き間の座敷などは、「ハレ」空間として設けられた空間にほかなりません（②）。

3 機能による領域

　戦後、住宅不足・資材不足の中で大量の住宅供給に迫られた住まいでは、小さくても秩序のある生活をもたらそうと、機能による領域分けを行った住宅が提案されています。

　池辺陽は、住まいに必要な機能を、**個人圏・社会圏・労働圏**に位置づけ、最小の面積であってもこれら3領域を分離することで、秩序ある住まい

を提供できると考えました（③）。伝統的な住まいでは軽視されてきた「個人」の領域が確保されると同時に、外部社会との結びつきが配慮されています。

　公営住宅の標準設計（**51C型**）では、住まいの秩序として「**食寝分離**」の概念を導入し、食事のための空間であるDK（ダイニングキッチン）を設け、就寝の空間である和室と明確に分離しました（④）。この型を発祥とする、家族で集って食事する空間（公室）と個人の就寝空間（私室）による構成は、**nLDK型**としてその後の住宅の設計に大きな影響を与え、住まいの代名詞的存在になっています。結果的に、公と私の分離した住まいの普及をもたらしたといえるでしょう。

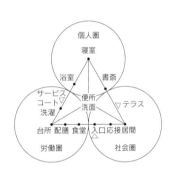

③ 最小限住宅No.20（池辺陽設計）
池辺陽は、個人圏・労働圏・社会圏の3領域からなる住宅の組織図を提唱した。この住宅は、その概念が体現されている。

④ 公営住宅の標準設計51C型
「食寝分離」の方針によって、食事空間（DK）と就寝空間（和室）とが明確に分離されている。

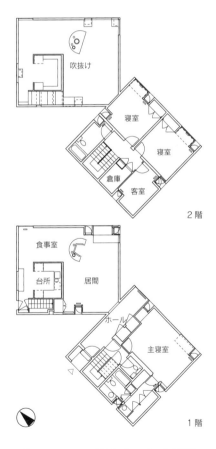

2階

1階

⑤ フィッシャー邸（ルイス・カーン設計）
パブリック空間（居間・食事室）とプライベート空間（寝室等）とが明確に分離された公私分離型配置。

4 公私の領域の分離

　欧米の住まいは総じて、公私の領域が明確に区分されています（⑤）。この領域分けは、利便性や快適性の次元というよりも、市民社会を担ううえで必要な、個人の**自立心**と**社会性**を育む秩序として機能しています。

　リビングやダイニングは、家族が共用するだけでなく、来客が訪れたりホームパーティが行われたりする空間です。そこは、訪れる様々な人とコミュニケーションを行い、社交のルールを学ぶ、いわば社会の一員としての能力（＝社会性）を身につけるための空間です。身なりもきちんと整え、靴を履き、緊張感を持って過ごす必要のある領域なのです。

　一方、家族それぞれの寝室は、他の空間からの独立性が強く、基本的に個人（または夫婦）で専有される空間です。最も親密感があり自由にくつろげる領域であるとともに、個人の自立を育む空間として確保されています。まだ小さな子どもであっても、個室を与えられた以上、責任を持って維持管理すべき空間であり、親も勝手に立ち入ることは控えられます。

　パブリック（公的）という言葉には、Open（外部に開かれた）、Common（共有・共用される）、Official（公共の、公式の）という3つの意味があるといわれています。欧米の住まいの公的空間の性格は、この3つの意味をすべて含み、私的空間とは明確に区別されているのです。

5 プライバシーの勾配

　住まいにおける生活行為には、就寝や生理的行為など他者の目に触れたくないものから、他者に開かれた接客に至るまで、必要とする**プライバシーの勾配**があります（⑥）。これらの生活行為が混在してしまうと、秩序が混乱し不都合のある住まいとなってしまいます。

　プライバシーの勾配に合わせて、対応する空間を段階的に配置していくことは、社会とのかかわりを保ちながら、落ち着いた個人空間を確保する効果的な手法といえます（⑦）。

　また、パブリック性の高い居間を中心にして、

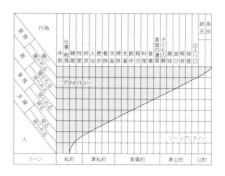

⑥ プライバシーの勾配から見た生活行為

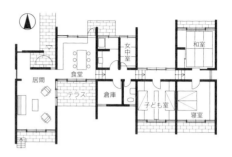

⑦ 学園前の家（坂倉建築研究所設計）
プライバシーの勾配に従う段階構成配置。

⑧ 1966年日本建築学会設計競技入選案
公空間（居間）を中心にしたホール型配置。

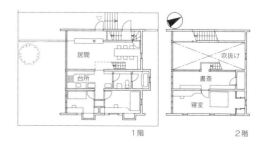

1階　　　　　　2階

⑨ チキンハウス（吉田研介設計）
吹き抜けを介したホール型配置。段階構成も取り入れている。

周囲にプライベート空間を配置したものは、ホール型（**居間中心型**）と呼ばれます（⑧⑨）。開放的な公空間と独立性の高い私空間とが、各空間の役割を明確に示しています。

6 個人的領域の伸展

　家族の形も生活様式も多様化する現在、家族を基本的な構成単位として考える、従来のような公私のグラデーションとは異なる、新しい住まいの形も生み出されています。

　NT（⑩）は、家族1人ひとりに個室が確保されていますが、従来個室で行われていた勉強や着替えといったプライベートな行為は外部化し、家族で共有される新たな空間として設けられています。個人空間の意味が問い直されるとともに、家族の新たなつなぎ方が提案されています。

　岡山の住宅（⑪）は、家族の公空間よりも個人の私空間が前面に配置され、個人が家族を介さずに直接社会と結びつく住まいです。家族で顔を合わせるには、意識的に中庭に出向く必要があります。個人を無批判に家族に結びつけるホール型配置（⑧）とはちょうど逆転した配置で、家族から自立した個人のあり方を優先する住まいといえます。

　近年、働き方にも変化が起きており、在宅でも仕事をこなすテレワークも一般化してきました。こうした「仕事」は社会性を帯びた行為ですが、家族で共有されるものではありません。従来の公―私型の住宅の場合、プライベート性の強い寝室に持ち込んでも、家族の集うリビング〈公室〉で行っても、様々な不具合を引き起こすことがあります。「仕事部屋」に特化した空間が設けられない場合、家族より直接社会と結びつく⑪のような個人空間は、こうした新たな住まい方に1つの対応を示唆するものかもしれません。

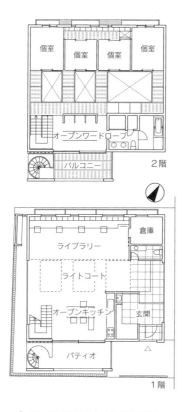

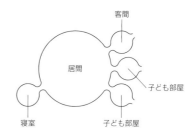

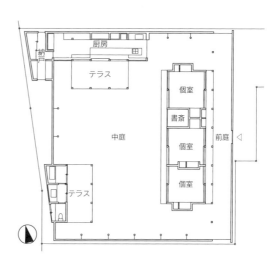

⑩ NT（渡辺真理＋木下庸子設計）
勉強・更衣などの行為が各個人空間ではなく、ライブラリーやオープンワードローブといった家族の共有空間で行われる。

⑪ 岡山の住宅（山本理顕設計）
上のダイアグラムにもとづき、個人が直接社会と結びつく住まい。個室といった私空間が表に、中庭や厨房などの公空間が奥に配置されている。

2-6 住まいの安全と健康

◆◆ 学習のねらい ◆◆
住環境は、人々の健康や安全を保障するものでなければなりません。生活機能分類（ICF）を手掛かりに、健康や安全と住まいの関係を考えてみましょう。

1 健康と住まい

1. ICFと環境

　住環境が人々の健康とかかわりがあることを表すものにICF（生活機能分類）があります。ICFはWHO（世界保健機関）が提唱した概念で、①にあるように、健康状態は「心身機能・身体構造」「活動」「参加」の3つの生活機能から構成され、これらは相互に作用し合い、さらに、生活機能は環境因子と個人因子の影響を受けているといいます。個人因子には年齢・性別・生活歴などがあり、環境因子には人的環境・社会的環境・物的環境などがあります。住環境や住まいは物的環境に属し、「心身機能・身体構造」「活動」「参加」を促進することもあれば、阻害することもあります。

　たとえば、子どもの成長という心身機能の変化を考えてみましょう。成長に伴って個室という住環境が必要となります。移動という活動についてはどうでしょうか。本人が高齢（個人因子）で片麻痺（心身機能・身体構造）であるといったことが大きく作用していることはもちろんですが、廊下の幅員や段差の有無、杖や車椅子などの移動補助具の利用状況によっても状況は変わります。同様に、真夏に室内の温度や湿度が著しく高いと、熱中症を引き起こし、健康が損なわれることがあります。いずれの状況も、適切な住環境を整えることで、健康な生活に一歩近づくことが可能となるでしょう。

2. 住居に求められる環境工学的性能

　温度・湿度・換気・通風・照明・採光・音など室内環境の維持管理を適切に行うことが健康な生活には欠かせません。

・温湿度

　快適な温度は冬季17～20℃、夏季25～28℃程度です。快適湿度は40～60%です。

　夏場は**熱中症**対策が必要です。熱中症は自宅内でも起こりますので、35℃を超える真夏日はクーラーを上手に利用し温度と湿度を適温に保ちます。とりわけ体温調整がうまくできない高齢者や乳幼児は要注意です。湿度が高すぎるとカビや結露が生じやすいので、換気をこまめに行うとともに、除湿器を活用します。

　冬場は空気が乾燥しがちですので、加湿器で湿度を補うとよいでしょう。**インフルエンザの予防**にも効果的です。

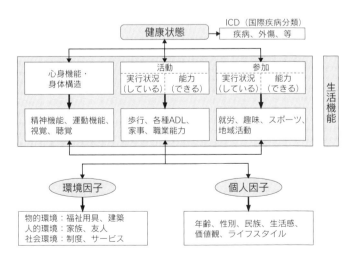

① ICFの考え方
背景因子には個人因子と環境因子がある。環境によって、心身機能や活動や参加は左右され、その結果、健康状態に影響を与えるなど、それぞれは相互に作用している。

・換気と通風

　昨今の住宅の高気密化や高断熱化は、熱を逃がさないという点では優れていますが、それゆえに換気を意識的に行うことが必要です。

　一酸化炭素・二酸化炭素・ちり・ダニ・たばこなどの汚染物質、家具や住宅建材の接着剤や塗料に含まれる揮発性物質（VOC）やホルムアルデヒドなどが過度に体内に取り込まれると、発疹・めまい・倦怠感といった症状を引き起こします。このような症状は**シックハウス症候群**と呼ばれています。新築直後やリフォーム直後の住居では揮発性物質の放散が活発であるため、症状が発生しやすく、注意が必要です。「目がかゆい」「体がだるい」といった体調不良を訴える報告がなされますが、その発生メカニズムは複雑で、個人差もあります。

　現在では、室内で使用できる建築材料が制限されるとともに、換気設備の設置が義務づけられています。自然素材を活用するほか、換気を意識的に行うとともに、エアコンなどのフィルターの清掃をこまめにすることも効果的です。

3. つながりの再構築と物的環境

　世界保健機関（WHO）の健康の定義でも、「社会的によい状態」が健康の要因として入っています。それに対し、日本は社会参加の頻度や人とのつきあいが先進諸国の中でも少ないことが指摘されています。物的環境は人とのつながりをつくる手助けをしてくれます。

　1960〜70年代に大都市近郊に多くできた「ニュータウン」を例にとってみましょう。ニュータウンは50年を経て、子どもたちが家を出たため、急速に高齢化が進み、独居高齢者や高齢者夫婦のみの世帯の割合が増え、**孤独死防止**が大きな課題となっています。孤独死防止というと②のDにある「万一に備えた見守り」を中心に考えがちですが、Cの「帰属できるコミュニティ」の存在が不可欠で、そのためには「拠点となる施設の整備」も必要です。たとえば、③のひばりが丘団地では、同様の問題に対し団地内にコミュニティ施設を設けています。ここには大小6つのコミュニティスペース、仕事や趣味など、個人で利用できるパーソナルスペース、飲食ができるカフェ、共同菜園、芝生広場、カーシェアを備えています。住民はこの場所を活用することで、つながりの再構築ができています。

　その他の事例として**災害公営住宅**のコミュニティスペースも同様のことがいえます。災害で自宅を失った被災者向けにつくられる災害公営住宅には、様々な地域から集まった人々が入居するために人間関係がつくれず、緊急時に助け合える人や日常的な話し相手がいないケースが多くなります。そのため、災害公営住宅にはコミュニティスペースが必要ですが、そのつくられ方や運営は様々です。たとえば、南三陸町の事例④を見てみましょう。ここでは、敷地内に菜園や集会所、住棟ごとのコミュニティスペースが設置されています。菜園は各住戸から見え、住民同士の会話のきっかけとなっています。集会所にも複数人で使えるキッチンがあり、多様なイベントに利用されていました。こういったコミュニティを再構築するための場所があることが、健康で文化的な生活につながっているといえます。

視点	取組みの方向
A. 外に出て活動しやすい環境	(1)住宅、共用部のバリアフリー化 (2)店舗、施設及び移動経路等のバリアフリー化
B. 店舗や施設と住宅との近接性	(1)都心部での高齢者向け住宅の整備 (2)住宅に近接した場所での施設等の立地誘導
C. 帰属できるコミュニティ	(1)コミュニティ活動の拠点となる施設の整備 (2)コミュニティを支える活動の活性化
D. 万一に備えた見守り	(1)福祉施策との連携 (2)緊急通報手段の確保 (3)見守り等の生活支援活動の活性化

② 孤独死防止のための取組み

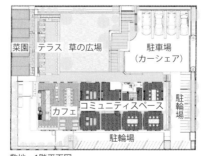

敷地・1階平面図

③ ひばりが丘団地のコミュニティスペース

④ 災害公営住宅のコミュニティスペース（南三陸町町営入谷振興住宅）

2 安全と住まい

　住環境における安全性は大きく2つに分けることができます。ひとつは転倒・転落、火の不始末、熱中症予防など日常災害に備えた配慮であり、もうひとつは地震、洪水、津波などの自然災害に備えた配慮です。

1. 家庭内事故

　毎年、多くの人が家庭内における不慮の事故で命を落としています。2021年には13,352人が亡くなっており、この数は交通事故による死亡者数3,536人の約4倍となっています。年齢別に見ると、対人口比で子どもと高齢者の割合が多いことが明らかとなっています（⑤）。

　子どもの事故原因の上位（⑥）としては、ころぶ、落ちる、ものが詰まるなどです。**ころぶ**ことについては1歳をピークに年齢が高くなるにつれて減少していきます。これは成長に伴ってバランス感覚や運動能力が身についてくるため、ころぶこと自体が減る、ころんでも受身を取って受傷しにくくなる、といったことが背景にあります。**落ちる**、についても1歳が最も多い割合で、ころぶと同じ傾向にあり、年齢が上がるにつれて、屋外での事故の割合が増えます。ものが詰まる、については0歳が最も多く、食品以外のもの、たとえばたばこや玩具なども含まれます。

　このように、子どもの家庭内事故は年齢によって変化します。家庭内では、危険性に対する知識を得ることはもちろん、ころんだとしても安全な床や壁の材料を用いたりゲートで区画したりする、角にはコーナーガードを使う、転落を防ぐため、ベランダまわりに不用意に物を置かないといった環境整備が必要になります。

　高齢者の死亡要因（⑦）としては、溺死、窒息、転倒・転落が上位にランクされています。**溺死**のほとんどは入浴に関連するものです。溺死にはカウントされないものの、浴室や脱衣室での心臓発作による事故死も目立ちます。冬場に多く発生しており、浴室内外の温度差によるところが大きいようです。脱衣室を暖めるなどの配慮が必要となります。**転倒・転落**を防ぐためには、転倒しても大事に至らない床材、すなわち、二重床や浮き床を採用すると効果的です。自宅では一般的に採用されている構法ですが、高齢者施設や障害者施設、保育施設ではコンクリートに直貼りする事例が多いようです。利用者の骨折防止のほか、職員の腰痛負担の軽減にも効果があります。トイレや階段に手すりを設置したり、夜間用に足元灯を設けたりすることも大切です。

　このように住環境を整えたり向上させたりすることで、家庭内での不慮の事故死を軽減することは可能です。チェックリストなどで自己点検を行い、事故防止に努めましょう。

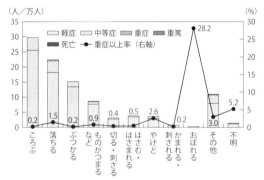

(備考) 1：東京消防庁「救急搬送データ」(2012-2016年)に基づき消費者庁が集計。
　　　2：総務省「国勢調査」(2015年)の人口(東京都のうち稲城市、島しょ地区を除く地域)を2012年から2016年までの平均人口として人口当たりの救急搬送人員数を算出した。
　　　3：「軽症」は軽易で入院を要しないもの、「中等症」は生命の危険はないが入院を要するもの、「重症」は生命の危険が強いと認められたもの、「重篤」は生命の危険が切迫しているもの、「死亡」は初診時死亡が確認されたものを表す。

⑥ 子どもの事故原因

⑤ 家庭内の死亡事故の年齢別割合

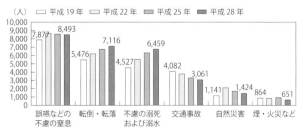

⑦ 高齢者の死亡要因

2. 火災に対する安全性

火災は家庭内事故の死亡理由の上位に位置しています。火災によって命を落とす人が後を絶ちません。防火対策は建築基準法に加えて消防法でも規定されています。

・一般住宅

2006年から新築住宅への**住宅用火災警報器**の設置（⑧）が義務づけられ、既存住宅においても2011年以降全市町村で義務化されました。警報器は、火災発生時に熱や煙を感知しブザーが鳴り、これにより火災の早期発見が可能となります。初期消火や早期避難が速やかになされることで、人々の住まいと生命を火災から守りやすくなります。

・集合住宅

住宅用火災警報器の設置はもちろんですが、住宅の規模が大きくなるにつれて火災対策の基準が厳しくなります。集合住宅においては多くの人が住んでいることもあり、建物階数も高くなり、上階に住む人は避難が困難になります。建築基準法には、**2方向避難**という考え方があり、集合住宅の場合は、玄関からの避難の他に住戸のベランダから、もしくは隣の住戸のベランダを通って避難できるようになっています。ベランダには、避難用はしごや避難用ハッチ（⑨）が設置されています。

⑧火災警報器のイメージ

吊り下げはしご

床に埋め込まれたはしご（ハッチ式避難はしご）

⑨避難用はしごのイメージ

3. 地震に対する安全性

日本は世界有数の地震国であり、地震による家屋の倒壊や、それに伴う火災で多くの人が亡くなってきたつらい過去があります（⑩）。

建築物の**耐震性能**は建築基準法によって規定されています。1978年の宮城県沖地震では、建築物の倒壊に被害が目立ったことから、1981年に建築基準法が改正され、耐震基準が強化されました。一般に旧耐震建築物という場合には、1981年以前のものを指します。

1995年の阪神・淡路大震災では6,000人を超える人が亡くなりました。その80%は木造住宅の倒壊による圧死でした。倒壊は伝統的な木造軸組構法で筋交いの少ない住宅で目立ちましたが、これらの多くは1981年以前の旧耐震基準で建てられたものでした。

空き住戸が増えている今日、既存建物を改修して別用途に転用する事例が増えていますが、建物の耐震性を踏まえて必要な工事を行い、利用者の命を守ることが大切です。既存建築物の耐震補強を強化すべく、建物の耐震改修の促進に関する法律も制定されています。例として廃校になった小学校の耐震補強を行って高齢者施設へと用途変更された事例があります。また、一般民家を障害者の住まいや子どもの活動拠点に転用した事例も数多くあります。いずれも、既存の資源を活用し、安全性を担保したうえで、地域住民の共通の記憶を受け継いでいます。

2011年の東日本大震災では15,000人を超える人が亡くなりました。多くの建物は倒壊を免れましたが、その後の津波による被害は甚大なものでした。建物単体の耐震性能を高めるだけではなく、立地を含めた都市レベルでの検討が必要なことが明らかとなりました。

年	地震被害	死者・行方不明者
1896	明治三陸地震	2万人以上 津波被害甚大
1923	関東大震災	10万人以上
1933	昭和三陸地震	3,000人以上 津波被害
1944	昭和東南海地震	1,200人以上 津波被害
1978	宮城県沖地震	28人 耐震強化へ
1993	北海道南西沖地震	約230人
1995	阪神・淡路大震災	約6,400人
2011	東日本大震災	約18,500人

⑩ 日本における主な地震とその被害

住まいとインテリア

◆◆ 学習のねらい ◆◆

日本におけるインテリア産業の歴史と範囲について理解を深めたうえで、住まいのインテリアエレメントを選択・設置する際に考慮すべき事柄を考えてみましょう。

1 インテリア産業の誕生

今日、インテリアという言葉は当たり前のように使われていますが、日本でこの言葉が公に使われるようになったのは、高度経済成長期も終わりに近い1970年からです。インテリアという言葉を最初に官庁用語として採用したのは文部省（当時）でした。この年に工業高校に初めて「インテリア科」という名称の教育課程が設置されたのです。

続いて1973年、当時の通商産業省に**インテリア産業振興対策委員会**が設置されました。この委員会は、設置後10年以上にわたって日本のインテリア産業の振興を精力的に進めてきました。その結果、それまでは互いに連携することなく別々に活動していた家具・テキスタイル・照明器具・壁紙などの業種が13業種にまとめられ、初めてインテリア産業という名称のもとに連携するようになりました。

この時期が日本のインテリア産業の誕生期であるといってよいでしょう。今日では、**インテリアコーディネーター**や**インテリアプランナー**など、様々なインテリア関連の資格が整備され、これらの資格を持った専門技術者が、住まいのインテリアの質の向上のために活躍する時代となりました。

もちろん、専門家に頼らずとも、住まいのインテリアは、ファッションのように生活者が自分のライフスタイルや嗜好によって自由に設定できる部分が少なくありません。しかし、それだからこそ、QOL（生活の質）を豊かに保つために、生活者自身もインテリアに関する理解を深める必要があります。

分類	具体例
仕上げ材料	木質系材料、プラスチック系材料、カーペット、植物繊維質床材（畳を含む）、タイル、石材、その他
壁・天井仕上げ材料	湿式仕上げ（左官仕上げ、吹付け仕上げ、塗装仕上げ、その他）、 軟式仕上げ（紙張り仕上げ、木質系仕上げ、その他）
造作部部材・部品	洋室造作部材（床材、幅木、腰壁、腰見切り、壁材、回り縁、天井材、ドア枠、窓枠、建具枠など）、 和室造作部材（畳寄せ、敷居、鴨居、長押、欄間敷居、欄間鴨居、天井長押、回り縁、天井竿縁、天井板材）、 玄関框・式台、階段・手すりなど
建具製品	ドア、引き戸、窓、建具金物、ガラスなど
塗料・塗装	室内の塗装、家具の塗装など
住宅設備機器	キッチン、洗面化粧台、便器、浴槽、給湯機器、水栓金具、冷暖房・空調機器、換気設備機器、 ホームエレベーター、情報設備機器
照明	光源、照明器具、配線器具（スイッチ、コンセント、プレートカバー、ライティングレールなど）
家具	椅子、テーブル、デスク、収納家具など
ウインドートリートメント	カーテン、ブラインド、ロールスクリーン、ローマンシェード、プリッツスクリーン、 パネルスクリーン、ハニカムスクリーン、簾（すだれ）など
寝装・寝具	ベッド、マットレス、ベッドリネン、布団、枕（ピロー）など
テーブルウェア・キッチン用品	和食器、洋食器、テーブルリネン、調理器具など
インテリアオーナメント	絵画、写真、彫刻、工芸品、インテリアグリーン、インテリア雑貨・小物、茶の湯道具、生け花など

① 主なインテリアエレメントの分類と具体例

2 インテリアエレメントの種類

住まいの室内空間を構成する様々な要素のことを**インテリアエレメント**と呼びます。インテリアエレメントには、①に示すように、床・壁・天井の仕上げ材料、ドアなどの建具、テーブルなどの家具、キッチンなどの住宅設備機器、照明器具、カーテンなどのウインドートリートメント、布団などの寝装・寝具、食器やテーブルウエア、絵画・写真・彫刻・工芸品・植物・インテリア小物などのインテリアオーナメントなど、建物に組み込まれる部品だけでなく、生活シーンを演出する様々な物品が含まれます。

それぞれのエレメントごとに、文化や歴史、様式や種類、選択や使用上の注意点があります。しかし、これらの詳細については他書に譲るとして、ここではこれらのエレメントを室内に導入する際に、生活者として考慮すべきインテリア計画の視点について述べることとします。

3 インテリア計画の特徴

先史時代の洞窟住居は、内側の空間をつくることが建物をつくることでもあったと考えると、インテリア計画と建築計画が一体であったといえるかもしれません。こうした例外を除くと、一般に住まいは、躯体工事の技術と内装工事の技術が別々に発展してきた歴史的経緯があります。さらには、家具や照明器具、カーテンなどのインテリアエレメントは、住宅完成後に居住者によって購入・設置されるものとして、これまでは建築計画の範囲外として扱われてきました。しかし、建

物と室内は表裏一体のものであること、また、躯体と内装を分けて考える**スケルトン・インフィル**の近年の普及、リフォーム工事の増加からしても、躯体とインテリアは、本来は両者一体的に計画されるべきものです。

住まいのインテリアは、生活者が毎日繰り返し目にして、触れて、においや音により雰囲気や愛着を直接感じる対象です。また、部屋の家具の様式や配置は、そこでの人間の行動様式や対人関係も規定します。こうした点で、インテリア計画が建築計画に比べてより重視している視点は、人間の要素といえるでしょう。つまり、インテリア計画は、人間の寸法や形態、感覚や知覚、動作や行動、ライフスタイルなどの諸特性を考慮して、室内環境をきめ細かく調節することに特徴があります。

前者の人間の諸特性については、**人間工学**や**環境心理学**、**環境行動**の要素が、また後者の室内環境の調節については、**環境工学**や**設備計画**の要素が、インテリア計画をする際の手掛かりとなります。

4 インテリア計画における検討事項

モデルルームのインテリアをそのまま自宅に再現したとしても、見た目は豪華かもしれませんが、暮らしづらくてすぐに後悔することでしょう。住まいのインテリアは、居住者の個別の生活スタイルや要求に対して計画される個別の環境です。したがって、インテリア計画に一定のルールや手順があるわけではありません。しかし、計画をするうえでのいくつかの視点があります。次に、新築住宅やマンションのリフォームを前提とした場合

分類	家具の機能	人と物の関わり方	例	従来の分類
人体系家具（アーゴノミー系家具）	人体を支える	人	椅子 ベッド	脚もの
準人体系家具（セミアーゴノミー系家具）	物を支える		机、調理台 カウンター	脚もの 箱もの
建物系家具（シェルター系家具）	収納や遮断をする	物	棚、戸棚 たんす ついたて	箱もの

② 人と物の関わり方からの家具の分類

人体系家具の寸法・形状は、人体や動作との関係が深いのに対して、建物系家具の寸法・形状は室内空間との関係が深い。

低い家具と壁の間　　　低い家具と家具の間

60〜　　　50〜

③ 通行のための家具と壁のスペース（cm）

人体は上半身の方が下半身よりも横幅が大きいので、片側が壁である場合は、両側が低い家具の場合よりも通行幅に余裕を見込む必要がある。

のインテリア計画上の検討事項をあげます。

1. 与条件と要求条件の整理

　まずはじめに、構造上撤去できない壁や設備・配管の位置、部屋の平面寸法・天井高、開口部の位置、内装制限などの法規上の制約、マンションであれば共用部分の改修不可部分など、変更が不可能な与条件を整理します。また、依頼主のためのインテリア計画であれば、家族構成やライフスタイルなどの生活像の把握、改修目的や予算計画などの要求条件を確認する必要があります。要求には矛盾するものも少なくないので総合的な見地から計画します。

2. 家具の選択と配置計画

　家具の分類方法の1つに、人と物のかかわり方からの分類があります（②）。このうち、机や椅子のように身体の支持の役割をする**人体系家具**は、人体・動作寸法との関係が重要になるので、人間工学的視点から用途に合った家具を選択する必要があります。家具を配置する際には、家具の大

きさに加えて人の寸法や、通行や動作のために必要な寸法を確認します（③④）。視線については平面的な検討のみならず、様々な生活姿勢での視線の高さを考慮して家具を選択します（⑤）。

3. 照明と色彩の計画

　照明は、光源の選択のほか、照明器具の取付け位置（⑥）を部屋の用途に応じて選択します。また、部屋の使用目的に合わせた色彩配分計画を**色彩計画（カラースキーム）**といいます。方法には各種ありますが、ここでは1つの例をあげます。
　たとえば「居間は暖かく落ち着いた」イメージというように、部屋の性格に適した色彩イメージを設定します。次にイメージに合う**基調色（ベースカラー）**を設定します。基調色に対してその特性を高めたり、変化をつけるための色を**配合色（アソートカラー）**、また基調色を全体とした場合に特に目立つ役割をする色を**強調色（アクセントカラー）**といいます。一般には、長期間に色を変えることのない広い面積の床・壁・天井を基調色とし、カーテンなど取換え可能な中程度の面積のものを配合

  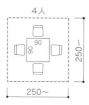 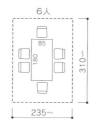 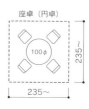 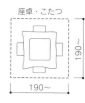

④ 食事のための必要寸法（cm）
食事に必要な空間の大きさは、食事をする人数や使用する家具によって異なる。家具の導入前に、意図した使い方に必要な空間を確保できるか否かを確認する必要がある。

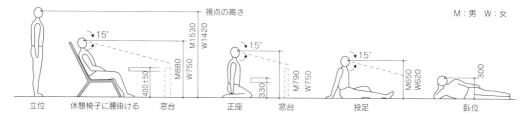

⑤ 様々な生活姿勢と視線の高さ
生活姿勢によって視線の高さは異なる。その部屋で基本となる生活姿勢は何なのか、その姿勢で室内の何が見えるのか、ということをよく考えたうえで、導入する家具の高さを検討する必要がある。

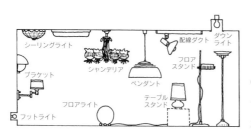

⑥ 照明器具の取付け位置
照明器具は形状や取付け位置によって、それぞれの呼称があり、配光特性（光の広がる方向）も異なる。生活シーンを考慮して、適切な組合せにより空間を演出する必要がある。

色、ルームアクセサリーなどの取り換えやすい小物を強調色とする方法がとられます。

4. 安全の計画

　日常生活の中で発生する建物内での事故のことを、火災や地震などによる非常災害と区別して、**日常災害**と呼びます。日常災害は、落下・接触・危険物によるものに大きく分けられます（⑦）。ベランダや窓では転落、ドアや引き戸では挟まれ、階段では転落、浴室では溺水や滑り、台所では火傷や中毒などが発生する危険性があります。

　墜落事故を防止するために、共同住宅のバルコニーの手すりの高さは建築基準法施行令で110cm以上と決められています（⑧）。また、幼児のよじ登りを防止するためには横桟を設けないこと、幼児のすり抜けを防止するための手すり子の隙間寸法は幼児の頭の寸法を目安にして11cm以下とされています（⑨⑩）。一方、腰窓の脇にベッドを壁に寄せて配置した結果、窓から子どもが転落する事故も考えられ、居住者の誤ったインテリア計画が事故の原因になることもあるので注意が必要です。

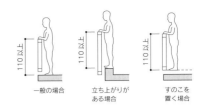

⑧ 手すりの高さの取り方（cm）
手すりの高さは、状況によって異なるので注意が必要。

バルコニー手すり

⑨ 幼児のよじ登りに対する配慮（cm）
幼児は目の前に登れる形状のものがあると、登って外界を見ようとする傾向がある。

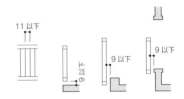

⑩ 幼児のすり抜けに対する配慮（cm）
一般に、頭の幅の隙間があると身体もすり抜けてしまう。手すり回りの隙間には、幼児が墜落する危険性のある部位がある。

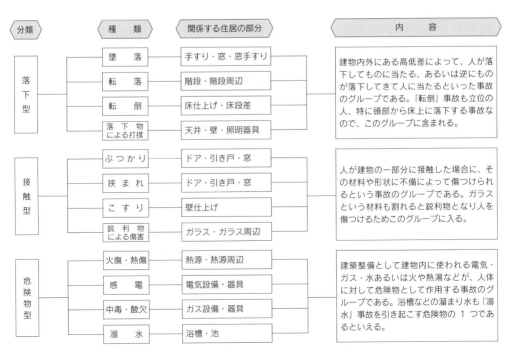

〈分類〉	〈種類〉	〈関係する住居の部分〉	内　容
落下型	墜落	手すり・窓・窓手すり	建物内外にある高低差によって、人が落下してものに当たる、あるいは逆にものが落下してきて人に当たるといった事故のグループである。「転倒」事故も立位の人、特に頭部から床上に落下する事故なので、このグループに含まれる。
	転落	階段・階段周辺	
	転倒	床仕上げ・床段差	
	落下物による打撲	天井・壁・照明器具	
接触型	ぶつかり	ドア・引き戸・窓	人が建物の一部分に接触した場合に、その材料や形状に不備によって傷つけられるという事故のグループである。ガラスという材料も割れると鋭利物となり人を傷つけるためこのグループに入る。
	挟まれ	ドア・引き戸・窓	
	こすり	壁仕上げ	
	鋭利物による傷害	ガラス・ガラス周辺	
危険物型	火傷・熱傷	熱源・熱源周辺	建築整備として建物内に使われる電気・ガス・水あるいは火や熱湯などが、人体に対して危険物として作用する事故のグループである。浴槽などの溜まり水も「溺水」事故を引き起こす危険物の１つであるといえる。
	感電	電気設備・器具	
	中毒・酸欠	ガス設備・器具	
	溺水	浴槽・池	

⑦ 日常災害の種類　日常災害は大きく3つに分類され、それぞれの事故の原因となるインテリアエレメントがある。

3-2 家具の人間工学

◆◆ 学習のねらい ◆◆

人体系家具や準人体系家具は、人体との適合性が重要になるため、人間工学を中心として数多くの研究がされてきました。ここでは、机、いす、ベッドの人間工学について考えてみましょう。

1 椅子の用途と選び方

住まいで使われる椅子には、作業机でのパソコン操作、学習机での読み書き、ダイニングテーブルでの食事、リビングでのくつろぎなど、様々な用途のものがあります。まずは、それぞれの用途にあった形状の椅子を選ぶことが大切で、この時にひとつの参考になるのが**椅子の支持面のプロトタイプ**の資料です（①）。これは、用途を作業用から休息用まで5つの段階に分けて、椅子の支持面の機能的な寸法を図示したものです。この資料は、椅子の外形寸法ではなく、実際に人間が腰掛けてクッションが凹んだ状態での支持面の寸法を表しています。

作業用から休息用になるに従って、座面は後ろに傾いて低くなります。また、背もたれは後ろに傾くとともに大きな荷重がかかるので、面積も大きくなります。背もたれが大きく後ろに傾いた安楽用

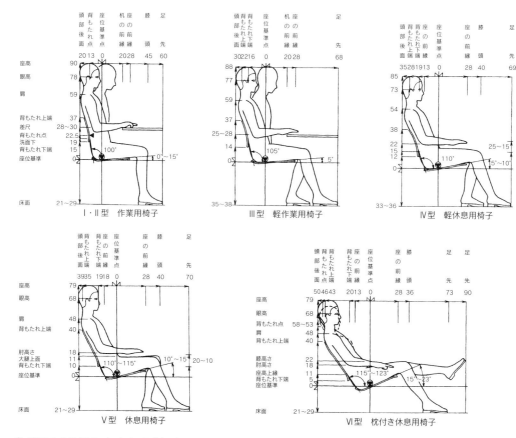

① 椅子の支持面のプロトタイプ（cm）

これらの設計資料は、作業用から休息用を段階的に分けて、椅子の支持断面の機能的な形状・寸法を表示したものである。なお、クッションのある椅子に座った場合は、クッションが凹んだ状態での姿勢（最終安定姿勢）における支持面の断面形状を示している。

の椅子では、頸部の筋肉の負担を減らすために頭部を支えるヘッドレストが必要になります。

　近年では、休息用の支持面で上体を後傾させた姿勢のままパソコン作業をする椅子も開発されています。このように、作業に適した姿勢が複数あることもあります。また、長時間椅子に座っている場合、人間は自然な動作として姿勢を変えています。椅子を選ぶ場合にも、様々な姿勢をとってみて不具合がないかどうかを確認する必要があります。

2 作業用の机・椅子

1. 背もたれによる腰椎の支持

　立っているときの背骨を横から見ると、自然なS字形をしています（②の右側）。これに対して、座っているときは、骨盤が後方に回転するとともに背骨の下端部にある仙骨も後方に回転します（②の左側）。このとき背骨はS字形ではなくアーチ形になります。また、腰椎（②のLWS）は後方に湾曲し、椎間板の前部が圧迫された状態になります。このような状態が長く続くと腰痛になり、内臓も圧迫されて苦しくなります。

　椅子に座って骨盤が後転することを防ぐためには、腰椎部分を後ろから支持することが有効です。この役目をしているのが背もたれです。骨盤の後転を防ぐのに効果的な支持位置を**背もたれ点**と呼び、作業用の椅子の場合は座面から高

さ21〜25cm程度の位置になります（③）。この部分がしっかり支持できる背もたれ形状の椅子を選ぶことが重要です。

2. 机の高さ

　机の甲板上面と椅子の座面との垂直距離を**差尺**と呼びます。事務作業をするときの適正な差尺は27〜30cm程度で、これは座高の1/3が目安になります（③）。学校用の机・椅子のJIS規格もこの考え方により寸法が規定されています（④）。

3. 椅子のチェックポイント

　椅子を選ぶ場合のチェックポイントを⑤に示します。座面の奥行きが深すぎると腰椎がしっかり支持されないうえに、膝裏が圧迫されて下肢の

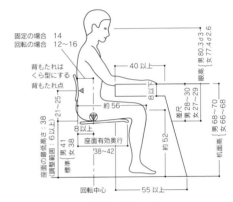

③ 事務用椅子・机の機能寸法（cm）

人体寸法との適合性を高めるためには、床から座位基準点（図中の▼）までの高さ、座位基準点から背もたれ点までの高さ、座位基準点から机面までの高さ（差尺）が重要である。

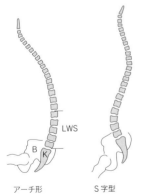

② 脊柱形状の違い

自然な姿勢においては、腰椎部分（LWS）は図の右側のように前方に湾曲している。しかし、椅子に腰掛けて骨盤が後転すると、図の左側のように腰椎部分（LWS）が後ろ側に湾曲してしまう。

(mm)

種類		0号	1号	2号	3号	4号	5号	5.5号	6号
標準身長（参考）		900	1,050	1,200	1,350	1,500	1,650	1,730	1,800
座面の高さ		220	260	300	340	380	420	440	460
背もたれの下端までの最大高さ		—	120	130	150	160	170	180	190
背もたれの上端までの高さ	最小	—	210	250	280	310	330	340	360
	最大	—	250	280	310	330	360	380	400
座面の有効奥行き		—	260	290	330	360	380	390	400
座面の最小幅		—	250	270	290	320	340	350	360
背もたれの最小幅		—	250	250	250	280	300	310	320
背もたれの最小半径		—	300						
背もたれの傾き		—	95°〜106°						

④ 学校用机・椅子のJIS規格寸法（一部）

ここに示した表は2011年に改正されたJIS規格（S1021）である。JIS規格は5年ごとに見直しを実施している。
（JIS…Japanese Industrial Standardsの略。日本の国家標準の1つである日本産業規格）

血行障害を招きます。また、座面が柔らかすぎると大腿部が内側に向かって回転圧迫されるなどの不具合があります。

3 子どもの学習用の机・椅子

子どもたちの心身の健康的な発育を考えるうえで重要なことを、3つの側面から説明します。

1. 肉体的な役割

小学校から高校にかけての子どもたちは、急激な成長期にあるので、体格に適合した机・椅子を使うことが重要です。体格に適合しない机・椅子を使っていると、様々な肉体的障害が生じます（⑤）。こうした障害に毎日繰り返しさらされることは、姿勢習慣が形成される時期の子どもたちにとって好ましくありません。

2. 精神的な役割

体格に適合しないテーブル・椅子を使っていると、痛みや疲労をやわらげようとして絶えず座り方を変え、その結果、落ち着きが失われます。自分の体格に適合したテーブル・椅子は、長時間にわたる集中力を維持するための基本的な学習環境です。また、自分の体格に合わせてテー

ブル・椅子の高さを選択・調整するという行為は、家具への愛着を醸成するほか、自己管理意識を高めることにもつながります。

3. 社会的な役割

たとえば、正しい姿勢で正座をしてお辞儀をするやり方には、ある一定の作法があります。椅子に座る姿勢も、しぐさや振る舞いの1つであると考えると、本来はこうした社会的な規範、すなわち**作法**があります。日本では、主に明治期と戦後の2度にわたって、生活の近代化施策の一環として、床座式から椅子座式の生活への転換が推奨されました。しかし、椅子という「モノ」の導入はなされましたが、座り方という「作法」については置き去りにされてきた感があります。欧米では子どもが小さい頃から、食事をするときの正しい腰掛け方など、場面に応じた座り方というものが家庭の中でしつけられてきました。日本では、こうしたしつけが家庭においても学校においても軽視されがちです。自分の体格に合ったテーブル・椅子は、座り方という作法を教えるための教材ともいえるでしょう。

3 ベッド

1. 睡眠の深さと寝返り

⑥は成人の睡眠の深さの変化をモデル図にしたものです。一般には、入眠後、深い眠りに入った後、浅い睡眠と深い睡眠を交互に繰り返してやがて目覚めるという変化をたどります。この周期はおよそ90分から120分といわれています。睡

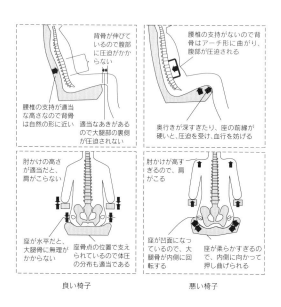

良い椅子　　　　　　　　　悪い椅子

⑤ 椅子のチェックポイント
インダストリアル・デザイナーのヘンリー・ドレフュスは、身体にとって良い椅子と悪い椅子を見分けるためのポイントを提案した。

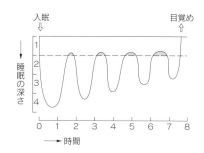

⑥ 睡眠の深さの時間的変化
点線の上の部分がREM睡眠である。REMとはRapid Eye Movement（急速眼球運動）の略語である。REM睡眠中は閉じたまぶたの内側で眼球が急速な運動を繰り返すことから命名された。

眠レベル1と2の境界に描かれた点線の上部（陰のついた部分）はREM睡眠、下部はNon-REM睡眠と呼ばれます。

　REM睡眠中は筋肉は休息状態ですが、脳は活性状態にあります。逆にNon-REM睡眠中は脳は休息状態ですが、筋肉は活性状態にあります。そのため、主にREM睡眠中には視覚的な夢を見ており、Non-REM睡眠中には寝返りが頻繁に行われます。人間は一晩に20〜30回の寝返りをするという報告があります。寝返りは、身体の同じ部分が長時間圧迫されることを避けるための身体防御の意味をも持った自然な動作です。そのため、ベッドの大きさや柔らかさには、寝返りを妨げないことが求められます。

2. 寝る姿勢

　⑦は人間の寝姿勢をX線写真で撮影したものです。これを見ると、人間の上体は、頭部と胸部と臀部の3つのブロックを頸椎と腰椎の2つのジョイントでつないだモデルと見なすことができます。身体を過度に柔らかいマットレスで支えると、重い胸部と臀部はマットに沈んで、ジョイン

硬めのマットレス

柔らかすぎるマットレス

⑦ 寝姿勢のX線写真

下の写真のように、柔らかすぎるマットレスでは、胸部と臀部が沈み込んで腰椎が突き上げられる。

せんべい布団　　　布団　　　柔らかいマットレス

⑨ 寝具の柔らかさと寝返り

黒い影の部分が一晩の睡眠中に寝返りをした範囲を表わしている。柔らかすぎるマットレスでは、身体が包み込まれるために寝返りの範囲が狭くなることが分かる。

ト部分である腰椎が上に突き上げられます。腰椎が過度に突き上げられると不自然な曲げの力がかかり、腰痛の原因となります。心地良いと感じる腰椎部分の隙間は、立ったときは4〜6cmですが、寝て気持ちが良いと感じるのはその半分の2〜3cmという実験結果があります（⑧）。

3. 寝具の寸法

　⑨は3種類の柔らかさの寝具の上で寝た場合の寝返りの範囲を示したものです。いずれの寝具においても寝返り範囲は横方向に広く、この幅は肩幅のおよそ2.5〜3.0倍という報告があります。このことから、敷布団やマットレス寸法は、長さ方向は身長に40cm程度の余裕を見込み、幅方向は狭すぎると眠りが浅くなるので、肩幅の2.5倍程度を目安とするとよいとされています（⑩）。

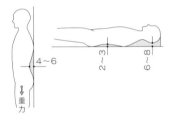

⑧ 立位と仰臥位での背面形状（cm）

腰椎部分の隙間寸法（臀部と胸部を結ぶ直線から腰椎までの距離）は腰椎のカーブによって異なる。また、心地良いと感じる腰椎部分の隙間寸法は立位と仰臥位では異なる。

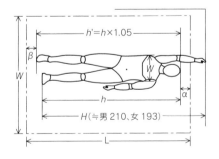

長さ $L=h×1.05+α+β$

　ただし　h＝身長（平均身長、男子165、女子155）

幅 $W=2.5×w$

　ただし　w＝肩幅（平均肩幅、男子43、女子41）

⑩ 寝具の機能寸法（cm）

推奨される寝具の幅寸法は肩幅の2.5倍、長さ寸法は身長に伸ばした足先を加えた長さ（身長の1.05倍）にゆとりの寸法15cmを加えたものである。

4-1 住まいのメンテナンス

◆◆ 学習のねらい ◆◆

住まいは、時間の経過とともに老朽化します。住まいを良い状態で維持・活用し、豊かな生活環境を育てる住まい方について考えてみましょう。

1 メンテナンスとは

日常的な清掃や点検、修繕、改修など、住まいの維持管理を**メンテナンス**といいます（①）。住まいは、時間の経過とともに老朽化し、建物の性能も低下していきます。また、家族の成長や加齢に合わせて暮らし方を変えたいという要求も出てきます。そのため建物が建った後も外壁の傷みを直したり、設備機器を取り替えるなどのメンテナンスを行うことが必要です。メンテナンスは、た

とえていうなら自動車の車検や人間の定期健康診断のようなものです。適切な時期にメンテナンスを行うことによって、安全に快適に住むことができ、暮らしの価値も高まります。

2 住宅の長寿命化とメンテナンス

日本では高度経済成長期以降、古い住宅を壊して新しい住宅を建てることがされてきました。これを**スクラップ・アンド・ビルド**といいます。ス

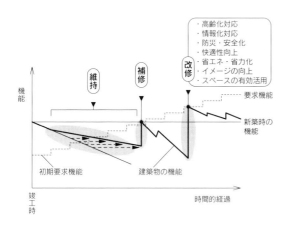

① メンテナンス（維持・補修・改修）のイメージ

維持とは、機能のレベル低下速度を遅らせる行為をいう。
補修とは、陳腐化した機能を竣工時点のレベルまで回復させる行為をいう。
改修とは、竣工時点を上回るレベルにまで機能を高める、あるいは新たに付加する行為をいう。

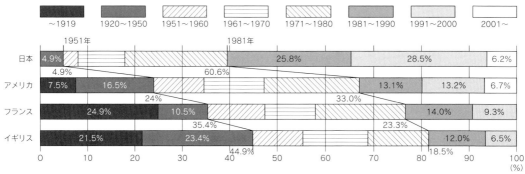

注1：日本の「1920～1950」は「～1919」を含み、「2001～」は2001年から2003年9月までの合計値
注2：アメリカの「2001～」は2001年から2005年までの合計値
注3：フランスの「1991～2000」は1991年から1999年までの合計値

② 建築年代別住宅ストックの国際比較

クラップ・アンド・ビルドを繰り返すことは、多量の産業廃棄物の排出、さらには多くの資源やエネルギーの消費につながります。②に示すように日本の住宅は、諸外国に比べて利用期間が短く、住宅への投資が蓄積されず、持続可能な社会が成立しているとはいえません。環境への配慮が重要となっている今日、「良い住宅をつくって、適切に手入れをして、長く使う」ストック型社会への転換が求められています。2008年に「長期優良住宅の普及の促進に関する法律」が制定され、その後、長期優良住宅を認定する制度も始まりました。住宅の長寿命化は地球環境保全に役立つだけでなく、子や孫の世代に住み継いでいくことが可能になるため、各世代の住宅コストの軽減や住生活文化の継承につながります。

3 メンテナンスの責任

建築後の管理責任は、基本的に所有者にあります。メンテナンスを怠る世帯が増加すると、住宅の老朽化が進み、近隣の安全性や快適性を脅かすことにもなりかねません。メンテナンスの基本は、所有者が行う日常的な清掃や点検です。清掃を行うと各部に目が行き届き、損傷の早期発見につながります。一方、専門家に依頼しなければ実施できない点検や工事もあります。しかし住宅の現状把握と意思決定の責任は所有者にあるといえるでしょう。③は、中古住宅購入者が専門工事業者と協働しながら、メンテナンスを行う海外の事例です。

1914		1st オーナーが建設
1957		現在のオーナー（夫のみ）が購入、入居
1962	○	白蟻よけの取替え
	○	カーポートやポーチの床の補修―セメントを張る
	○	土台柱の取替え
		―木製の柱をコンクリートに取り替える
	○	簡易間仕切り壁の取付けや変更
		―ベランダを閉じる、トイレとバスルームの間に壁をつくる
1965		妻入居（結婚）
1969		【トイレ】
	△	床のタイルをテラゾーに取り替える
		【バスルーム】
	△	床板の取替え
	○	タオル掛けの取替え
	△	バスタブの取替え
1974	○	窓枠の取替え―光をより多く取り込むため
	○	金網のフェンスをつくる
		【ベランダと外階段】
	△	床板の取替え―前階段をセメントに
	○	手すりの取替え
		―前部のみ木製を鉄製に
		【トイレ】
	○	ペーパーホルダーの取替え
		【バスルーム】
	○	タイルの張替え
		【キッチン】
	△	シンクの取替え
	△	キャビネットの取替え
	△	換気扇の取替え
	△	カーペットの取付け―ベニヤからカーペットへ
	○	ポストの設置

1979	○	といの一部取替え
	○	【外壁】煙突のところを取って壁を付けた
	○	カーテンレールの取替え
	○	ランドリーの洗濯槽の取付け、排水工事
		―セメントから鉄製に
	○	ベランダや屋上ドレーンの取替え
	△	壁紙、クロスの張替え
		―閉じたベランダに新しい壁紙を張る
	△	天井の補修
	○	照明器具の取替え
	△	電気配線替え
1986	○	軒天板の張替え
1988	○	【ドア】ノブの取替え
	○	金網柵を木製の柵に取替え
1989	○	【屋根】雨漏りの点検や修理
	○	破風板のペンキ塗り
	○	【ドア】閉まりにくいドアの調整
1992	○	ルーバーの取替え―キッチンのみ
1993	○	湯沸かし器の修理（2回）
	○	湯沸かし器の取替え
15 年ごと	○	【ドア】ペンキ塗り
10 年ごと	○	【外壁】ペンキ塗り
	○	【トイレ】ペンキ塗り
	○	【給排水パイプ】掃除
1 年ごと	△	カーペットの掃除
36 年に 2 回	○	【バスルーム】シャワーの取替え
30 年に 2 回	○	【屋根】全体のペンキ塗り

○: 住まい手　△: 専門業者

③ Kielniacz邸（オーストラリア）のメンテナンス経過

点検部位		主な点検項目	点検時期の目安＊	取替えを検討する時期の目安＊
屋外部分	基礎			
	布基礎	割れ、蟻道、不同沈下、換気不良	5～6年ごと	-
	屋根			
	瓦葺き	ずれ、割れ	5～6年ごと	20～30年で全面葺替えを検討
	屋根用化粧スレート葺き	色あせ、色落ち、ずれ、割れ、さび	4～6年ごと	15～30年で全面葺替えを検討
	金属板葺き	色あせ、色落ち、さび、浮き	2～3年ごと	10～15年で全面取替えを検討（3～5年ごとに塗替え）
	雨どい（塩化ビニル製）	詰まり、外れ、ひび		7～8年で全面取替えを検討
	軒裏（軒裏天井）	腐朽、雨漏り、はがれ、たわみ		15～20年で全面補修を検討
	外壁			
	モルタル壁	汚れ、色あせ、色落ち、割れ、はがれ	2～3年ごと	15～20年で全面補修を検討
	タイル貼り壁	汚れ、割れ、はがれ		
	サンディング壁（窯業系）	汚れ、色あせ、色落ち、割れ、シーリングの劣化	3～4年ごと	
	金属板、サンディング壁（金属系）	汚れ、さび、変形、緩み	2～3年ごと	15～20年で全面補修を検討（3～5年ごとに塗替え）
	バルコニー・濡れ縁			
	木部	腐朽、破損、蟻害、床の沈み	1～2年ごと	15～20年で全面補修を検討（2～3年ごとに塗替え）
	鉄部	さび、破損、手すりのぐらつき	2～3年ごと	15～20年で全面補修を検討（3～5年ごとに塗替え）
	アルミ部	腐食、破損	3～5年ごと	20～30年で全面取替えを検討
躯体部分	床組・軸組・小屋組など			
	土台、床組	腐朽、さび、蟻害、床の沈み、きしみ	4～5年ごと	土台以外は20～30年で全面取替えを検討（5～10年で腐食・防蟻再処理）
	柱、梁	腐朽、破損、蟻害、割れ、傾斜、変形	10～15年ごと	-
	壁（室内側）	割れ、雨漏り、目地破断、腐朽、蟻害、さび		
	天井、小屋組	腐朽、さび、はがれ、たわみ、雨漏り、蟻害、割れ		
	階段	沈み、腐朽、さび、蟻害、割れ		
屋内部分	床仕上			
	板張り床	きしみ、反り、汚れ	随時	状況に応じて検討
	カーペット床	カビ、ダニ、汚れ	1～2年ごとに本格的クリーニング	6～10年で敷替えを検討
	畳床	凸凹、ダニ、変色、汚れ	年1～2回の畳干し、2～3年裏返し	裏返してからさらに2～3年
	ビニル系の床	はがれ（めくれ）、汚れ、劣化による割れ	随時	状況に応じて検討
	玄関床	タイルの汚れ、割れ、はがれ		
	壁仕上			
	ビニールクロス貼り壁	カビ、はがれ、汚れ	随時	状況に応じて検討
	織物クロス貼り壁			
	板張り壁・化粧合板張り壁	浮き、はがれ、変色、汚れ、割れ		
	繊維壁・砂壁	はがれ、汚れ		
	天井仕上			
	和室天井（化粧合板目透し貼り）	シミ、汚れ	随時	状況に応じて検討
	洋室天井（ビニル・クロス貼り）			
建具	外部建具			
	玄関建具	隙間、開閉不良、腐食、附属金属の異常	2～3年ごと	15～30年で取替えを検討（建付調整は随時）
	アルミサッシ			
	雨戸・網戸	さび、腐朽、建付不良		
	窓枠、戸袋の木部	腐朽、雨漏り、コーキング不良		建具取替えの際検討
	内部建具			
	木製建具	隙間、開閉不良、取付金属の異常	1～3年ごとに張替え	10～20年で取替えを検討（建付調整は随時）
	ふすま、障子	隙間、開閉不良、破損、汚れ		
設備	給排水設備			
	給水管	水漏れ、赤水	1年ごと	15～20年で全面取替えを検討
	水洗金具	水漏れ、パッキングの摩耗、プラスティック部の腐食		10～15年で全面取替えを検討（3～5年でパッキング交換）
	排水管、トラップ	水漏れ、詰まり、悪臭		15～20年で全面取替えを検討
	キッチンシンク、洗面設備	水漏れ、割れ、腐食、換気不良、さび、シーリングの劣化、汚れ		
	トイレ	便器・水洗タンクの水漏れ、悪臭、カビ、換気不良、金属部の青さび、詰まり		
	浴室			
	タイル仕上げ	タイル等の割れ、汚れ、カビ、シーリングの劣化、排水口の詰まり	1年ごと	10～15年で全面取替えを検討
	ユニットバス	ジョイントの割れ・隙間、汚れ、カビ、排水口の詰まり		
	ガス設備			
	ガス管	ガス漏れ、劣化、管の老化	1年ごと	15～20年で全面取替えを検討
	給湯器	水漏れ、ガス漏れ、器具の異常		10年位で取替えを検討
	その他			
	換気設備（換気扇）	作動不良	1年ごと	15～20年で全面取替えを検討
	TV受信設備（アンテナなど）	固定不良、さび、破損、変形		12～18年で全面取替えを検討
	電気設備（コンセントなど）	作動不良、破損		15～20年で全面取替えを検討

＊点検時期の目安および取替え時期を検討する目安は、建物の立地条件、建設費、使用状況および日常の点検や手入れの程度によって、相当の差がある。

④ 点検および取替え時期の目安（木造戸建て住宅の場合）

4 部位ごとの点検・修繕の計画

雨漏り、外壁の落下、設備機器の不具合や性能低下などが生じた場合には、早急に修繕を行います。しかし、このような事後処置は、生活上の不便が生じ、修理費がかさむことがあります。したがって定期的な点検を行い、故障や不具合を事前に予防するほうが合理的です。

住まいの構成部材は、部位や部材によって寿命や傷み具合が違っています。各部の老朽特性を知って、点検や修繕の計画を立てます（④）。

基礎や土台、柱といった構造躯体に損傷や不具合が生じると、住宅の耐用年数や安全性に重大な問題を生じ、修繕も大がかりなものとなります。木造住宅では、建物の強度を低下させる木部の腐朽やシロアリ被害に注意が必要です。

外壁や屋根などの外装は、風雨、雪、日光、気温の変化から構造や内部空間を守る役割をしています。破損を放置しておくと、雨漏りで建物全体を傷めます。屋根葺き材のずれや塗装のはがれ、といの詰まりや外れ、外壁の亀裂や塗装のはがれ、金属部のさびなどを点検します。また地震や台風の直後にも点検が必要です。

床、壁、天井など内装の汚れや劣化は、人間の生活が主な原因です。人間の手や足が触れる部分は汚れにくい材質を使用すること、日常的な清掃を行い、気が付いた時点で補修することが大切です。建具は、隙間や開閉状態を点検します。

台所、トイレ、浴室、洗面所の給排水設備、ガス設備は、水漏れ、ガス漏れ、詰まり、パッキングの傷みを点検します。また、水回りは水蒸気が多量に発生する場所であり、日頃から換気を行い、結露やカビを生じさせないように気を付けます。

5 これからの住まいとメンテナンス

適切なメンテナンスを行い、住宅の長寿命化が実現すると、建物が建っている間に複数回の修繕や改修が行われることになります。たとえば、内装仕上げ材や設備の寿命は、構造体に比べて短いため、住宅の一生の間に、何回か交換することになります。したがって、これからの住まいは、耐久性が高い、災害に強い、劣化しにくい材料を使うことはもちろんですが、建物を壊さずに点検や部材の交換ができるようメンテナンスを前提とした設計にしておくことが必要です。

また、メンテナンスを行うためには、図面や資料を保存しておくことが大切です。近年、新築時の情報、その後に実施されたメンテナンスなどの履歴を記録する**住宅履歴情報**がつくられるようになりました（⑤）。住まいのカルテのようなものといえます。この住宅履歴情報があると、必要なメンテナンスを計画的、効率的に実施することができます。

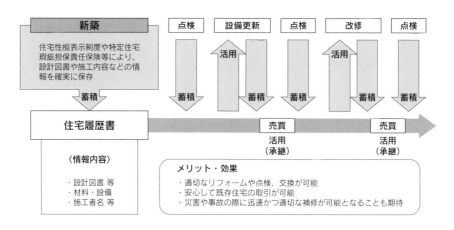

⑤ 住宅履歴情報の蓄積・活用

新築時の設計図書や施工記録などが住宅履歴情報のベースとなる。
点検、修繕、改修・リフォーム、売買が行われるたびに、情報を蓄積していく。
修繕、改修・リフォーム、売買を行う際に、履歴情報が活用され、適切なリフォームができる。

4-2 リハウスとリフォーム

◆◆ 学習のねらい ◆◆
家族のライフサイクルやライフスタイルに住まいを対応させるため、増改築（リフォーム）や住み替え（リハウス）が行われます。家族の住要求のほか、日本の住宅問題や地球環境への配慮の観点からも考えてみましょう。

1 リハウス

1. ライフサイクルと住み替え

ライフサイクルの過程で、人々の**住要求**は変化し、住宅の広さや設備、住環境、立地などに望むものは変わります。住要求の変化に対応する方法としては、家具の配置や部屋の使い方を変えるな

どの住み方の工夫、**増改築（リフォーム）**、**住み替え（リハウス）**があります。住環境や立地を改善したい場合は住み替えることになります。

また、進学や就職、結婚、退職といった**ライフイベント**は住居の移動を伴うことが多く、中でも20～30歳代の年齢層で居住地の移動が多くなっています（①）。一方、ライフサイクルの後半ス

男性 (%)

年齢	入学・進学	職業上の理由	住宅を主とする理由	親や子との同居・近居	家族の移動に伴って	結婚・離婚	子育て環境上の理由	健康上の理由	その他	不詳	総計
15～19歳	28.8	1.8	28.2	2.6	25.5	1.1	2.9	0.2	4.7	4.4	100.0
20～24歳	25.6	28.5	18.7	4.4	6.0	7.1	0.3	0.7	6.9	1.8	100.0
25～29歳	2.4	32.7	25.1	5.0	1.4	22.8	2.4	0.3	6.3	1.6	100.0
30～34歳	0.9	17.3	33.5	6.8	1.7	23.2	7.1	0.1	7.9	1.6	100.0
35～39歳	0.7	17.5	44.7	5.1	1.0	13.8	8.0	0.6	7.1	1.8	100.0
40～44歳	1.3	20.8	37.6	8.9	0.7	13.1	8.2	0.7	6.1	2.7	100.0
45～49歳	1.0	32.7	35.2	6.2	0.6	10.5	4.8	0.5	7.1	1.3	100.0
50～54歳	0.0	33.4	36.5	9.6	0.5	5.7	2.5	1.5	8.7	1.4	100.0
55～59歳	0.0	32.7	38.3	7.5	3.1	4.5	0.4	1.9	11.0	0.7	100.0
60～64歳	0.3	25.9	40.3	7.3	0.7	3.5	2.0	3.6	12.1	4.4	100.0
65～69歳	0.0	14.3	49.7	13.5	0.7	0.9	0.0	1.6	16.8	2.6	100.0
70～74歳	0.0	11.4	52.1	8.8	0.9	2.3	2.2	5.3	8.6	8.5	100.0
75～79歳	0.0	4.2	51.7	10.3	3.5	0.3	0.0	4.8	18.2	7.0	100.0
80～84歳	0.0	3.1	60.8	16.2	1.6	0.0	0.0	4.3	8.9	5.1	100.0
85歳以上	0.4	0.0	39.1	30.0	1.2	4.0	0.0	10.1	11.4	3.8	100.0

女性 (%)

年齢	入学・進学	職業上の理由	住宅を主とする理由	親や子との同居・近居	家族の移動に伴って	結婚・離婚	子育て環境上の理由	健康上の理由	その他	不詳	総計
15～19歳	42.0	3.2	23.3	3.2	16.5	2.0	1.2	0.2	6.1	2.5	100.0
20～24歳	35.9	18.1	17.7	4.1	4.9	9.2	0.9	0.1	7.4	1.8	100.0
25～29歳	2.1	12.7	23.4	5.9	8.6	33.8	4.9	0.3	6.5	1.9	100.0
30～34歳	1.1	5.1	33.9	5.2	8.3	27.8	8.0	0.4	8.0	2.2	100.0
35～39歳	0.6	5.1	38.3	5.1	11.8	19.6	8.7	0.2	8.6	2.2	100.0
40～44歳	1.4	6.4	34.5	8.6	13.8	16.6	9.9	0.7	5.9	2.3	100.0
45～49歳	0.7	4.6	44.6	7.8	14.3	11.3	5.1	0.3	9.2	2.3	100.0
50～54歳	0.2	8.7	44.2	10.0	11.2	11.7	0.5	1.3	10.4	1.9	100.0
55～59歳	0.0	5.7	44.8	13.7	14.3	5.1	0.0	0.2	14.2	2.2	100.0
60～64歳	0.0	5.8	42.7	13.9	7.0	3.2	0.1	1.7	16.8	8.6	100.0
65～69歳	0.0	5.6	45.5	14.5	7.1	2.7	0.2	2.5	15.3	6.7	100.0
70～74歳	0.0	3.2	42.7	16.8	6.5	1.3	1.9	5.0	15.8	7.0	100.0
75～79歳	0.0	0.7	46.4	9.9	2.2	3.3	0.0	4.4	27.0	6.1	100.0
80～84歳	0.0	0.0	38.4	39.5	0.7	0.0	0.0	9.8	7.2	4.5	100.0
85歳以上	0.3	3.0	18.8	33.4	8.0	2.7	0.0	18.0	8.5	7.4	100.0

① 年齢別、過去5年間における現住地への移動理由

テージが長くなった今日では、高齢になってから
住居を移動する人も少なくありません。

　住み替えは、住宅が変わるだけでなく、買い物
や通院の場所、近隣の人々との関係も変わるた
め、居住環境の変化が高齢者や子どもにとって
は負担となる場合があります。このような場合は、
住み慣れた生活圏域の中で住み替える方法が適
しています。

2. 持家取得と住み替え

　②は、1973年の正月の新聞に掲載された「住
宅双六」です。当時の都市居住者の住み替えや
理想を象徴的に示したもので、借家から持家へ
と住み替えて、庭付き郊外一戸建て住宅が「あが
り」となっています。

　日本では戦後、住宅金融公庫の設立による**持
家政策**をとったことや、年功序列型賃金体系のも
とでは、一般に年齢とともに収入が上がり、持家
取得能力が高まることから、若い頃は借家に住
み、結婚や子どもの誕生・成長に合わせて持家
を取得するという、持家取得を目指した住み替え
が行われてきました。

　2007年に新しくつくられた「住宅双六」(③)で
は、「あがり」が複数あり、高齢期の住み替えの選
択肢が多様となっています。寿命の伸長や**ライ
フコース**の多様化に住まいをどう合わせていくか
が問われています。

3. 住宅のミスマッチ現象と住み替え

　生活の器である住居は、家族の構成や居住
ニーズに合致していることが基本です。しかし、
現状では、ファミリー世帯が小規模な住宅に居
住し、子育てを終えた高齢の夫婦世帯や単身世
帯が広い戸建て住宅に居住するという住宅と居
住ニーズのミスマッチ現象が起きています。

　2006年に、高齢者が所有する**住宅ストック**を
活用して、ライフサイクルに応じた住まいを確保
できるよう2つの世代の住み替えを支援する「マ
イホーム借り上げ制度」(一般社団法人　移住・
住みかえ支援機構)が登場しました。住み替えを
希望する50歳以上の人から、マイホームを終身で
借り上げ、これを主として子育て期の家族に転貸
して家賃収入を支払う仕組みです。

② 住宅双六（1973年）

③ 住宅双六（2007年）

2 リフォーム

1. 様々なリフォーム

リフォームは、時間の経過に伴い劣化した建物の機能を初期の状態まで回復させる修繕や補修とは違って、住まいの性能や機能などを新築当時より改善すること、増築など建物の一部を変更することをいいます（④）。最近では大がかりな改修を表す言葉としてリノベーションも使われるようになりました。

リフォームの目的は様々で、家族の成長や加齢に伴う住要求の変化に対応させるもののほか、建築技術や設備機器の進歩、生活スタイルや価値観の変化など時代の変化に対応させるものがあります。具体的には、次のようなリフォームが行われています。

a 家族構成の変化に対応した間取り、レイアウト変更：子ども部屋の増築、2世帯住宅化

b バリアフリー化などの高齢化対応：段差解消、手すり設置、動線短縮

c 浴室やキッチン設備などを刷新する機能性・快適性の向上：浴室・洗面・トイレの設備改善、床暖房の導入、防音窓設置

d 壁、屋根、床、窓などの断熱性を高める省エネルギー化

e 防犯システム導入など防災・安全化

f マルチメディア対応やホームオートメーション化などの情報化対応

g 内外装のデザイン刷新：内装、外装の張替え、塗替え

h 耐震性の向上：1995年の阪神・淡路大震災では、耐震基準を満たさない建築物での被害が大きく、家屋の倒壊により多くの死亡者が出ました。1995年に「建築物の耐震改修の促進に関する法律」が施行され、耐震基準を満たさない住宅の耐震化リフォームが求められています。

i 中古住宅のリフォーム：欧米では、中古住宅を購入し必要に応じてリフォームするスタイルが一般的であるのに対し、わが国の住宅取得は新築住宅が中心です。今日、住宅数が世帯数を上回っていることや、地球環境問題や資源制約の観点から、リフォームによって既存住宅（中古住宅）の品質・性能を高め、長く使っていくことが求められています。国土交通省が2012年に策定した「中古住宅・リフォームトータルプラン」には、中古住宅の流通とリフォームの促進に関する方策が盛り込まれました。

j **減築**：住宅の延床面積を増やす増築に対し、建物の一部を除去したり、2階建てを1階建てにして延べ床面積を減らす減築も試みられています。減築の効果として、世帯規模やライフステージに応じた住宅規模の縮小、採光や通風など住環境の質的向上、市街地の密度緩和などが期待されています。

④ 戸建て住宅の増改築の事例　家族とともに成長する住まい

2. 集合住宅のリフォーム

　集合住宅でも家族構成やライフスタイルの変化に対応するため、家具や間仕切りによって間取りが変更できる**順応型住宅**や、構造体（スケルトン）と設備・内装（インフィル）を分離した**スケルトン・インフィル住宅**など、住戸に**可変性**を持たせる試みがなされています。

　昭和30〜40年代に建設された公営住宅や公団住宅（現在の都市再生機構）では、小規模な住戸を対象に、2戸を1戸にして延べ床面積を広くしたり（⑤）、居室数を少なくして居室の面積を広くするリフォームや、階段室型住棟のバリアフリー化などを進めています（⑥）。古い集合住宅を建て替えずにリフォームして、現代のニーズに合わせて再生・活用しようとするものです（⑦）。

　分譲マンションの場合、**専有部分**に限ってリフォームすることができます。管理組合への届出、近隣住戸への配慮、リフォームできるところとできないところの確認、工事中の作業場所の確保など戸建て住宅とは異なる配慮が必要です。

3. リフォーム特有の課題

　リフォームには、新築や住宅購入とは違う特有の課題があります。住まいながらリフォーム工事をすることが多いため、施工順や工期日程、工事中の住まい（一時的に引っ越すか、住みながら工事するか）の検討が必要となります。また、工事中は近隣に迷惑をかけることになるため、近隣に配慮した設計、工事方法を考え、事前の説明を行い、工事中も良好な近隣関係を維持できるように心がけます。

⑥ 集合住宅の階段室型住棟のバリアフリー改修

（左：改修前、右：改修後）階段室を撤去し、外廊下、エレベーターを新設

⑦ 集合住宅の再生事業の例

上：地域開放型の食堂を併設したサービス付き高齢者住宅に改修
下：1階バルコニーを撤去し、広いテラスと専用庭を新設

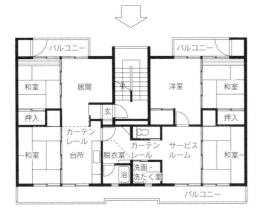

⑤ 左右の住戸をつなげた2戸1戸化の例

4-3 空き家対策と利活用

◆◆ 学習のねらい ◆◆

日本の社会では、人口減少に伴い急激に空き家が増加しています。このような状況を改善するためどのような対策がとられているか、そして空き家を増やさないためにはどのような努力が必要であるか考えてみましょう。

1 空き家の現状

1. 住宅余りと人口減少

日本の住宅は、住宅総数が世帯数を上回ったとされる1968年以降「住宅余り」の傾向が続いてきましたが、近年では人口の少子高齢化が重なり全国的に空き家の増加傾向が続いています。2018年に総務省統計局によって実施された住宅・土地統計調査では、日本の空き家数は848万9千戸と過去最高となり、全国の住宅の13.6%を占めていることが明らかになりました。

2. 空き家に関する言葉の定義

空き家に関しては、所管の行政機関によって様々な表現が用いられています。空き家問題を理解するためにも、こうした用語の理解は大切ですので、ここで定義を紹介します（①）。

a 空家等：国土交通省の施策で用いられる表現です。後述する空家特措法では、2条1項に次のように定義されています。「建築物又はこれに附属する工作物であっても居住その他の使用がなされていないことが常態であるもの及びその敷地（立木その他の土地に定着する物を含む。）をいう。ただし、国又は地方公共団体が所有し、又は管理するものを除く。」

b 空き家：総務省が実施している住宅・土地統計調査で用いられています。具体的には以下の住宅が該当します。

・二次的住宅：別荘（週末や休暇時に避暑・避寒・保養などの目的で使用されている住宅で普段人が住んでいない住宅）とその他（普段住んでいる住宅とは別に、残業で遅くなったときに寝泊まりするなど、たまに寝泊まりする人がいる住宅）

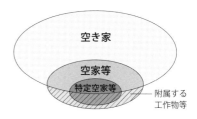

① 空き家、空家等、特定空家等の関係図

・賃貸用の住宅：新築・中古を問わず、賃貸のため空き家となっている住宅

・売却用の住宅：新築・中古を問わず、売却のため空き家となっている住宅

・その他の住宅：上記以外の、人が住んでいない住宅で、たとえば、転勤・入院などのために居住世帯が長期にわたって不在の住宅や建て替えなどのために取り壊すことになっている住宅など（注：空き家の区分の判断が困難な住宅を含む。）

c 管理不全な空家等：建築物に破損などがあり、また、その敷地に雑草などが繁茂していて害虫が発生するなど、適正に管理されていない状況にある空家等をいいます。

d 特定空家等：空家特措法2条2項に位置づけられています。そのまま放置すれば倒壊など著しく保安上危険となるおそれのある状態または著しく衛生上有害となるおそれのある状態、適切な管理が行われていないことにより著しく景観を損なっている状態その他周辺の生活環境の保全を図るため放置することが不適切である状態にあると認められる空家等です。

3 管理不全空家の問題

2018年の住宅・土地統計調査によると、空き家の種類別内訳では「賃貸用の住宅」が432.7万

戸、「売却用の住宅」が29.3万戸、「二次的住宅」が38.1万戸、「その他の住宅」が348.7万戸となっています。図の②には種類別内訳の推移を示していますが、2003（平成15）年以降、「賃貸用の住宅」の割合は低下する一方、様々な問題をはらんでいる「その他の住宅」の割合は増加し続けています。また、こうした空き家の増加には地域格差が存在しています。空き家率を都道府県別に見ると（③）最も高いのは、山梨県の21.3%であり、次

に和歌山県が20.3%、長野県19.6%、徳島県19.5%、高知県19.1%、鹿児島県19.0%となっています。特に別荘などの「二次的住宅」を除いた空き家率が最も高いのは、和歌山県の18.8%であり、次いで徳島県18.6%、鹿児島県18.4%、高知県18.3%となっています。空き家率の低い埼玉県および沖縄県（10.4%）や東京都（10.6%）と比較すると、甲信や四国地方で空き家の割合が高いことが分かります。

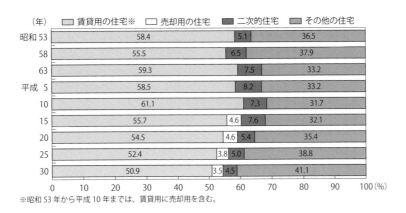

② 空き家の種類別割合の推移（全国）
(1978（昭和53）年～2018（平成30）年)

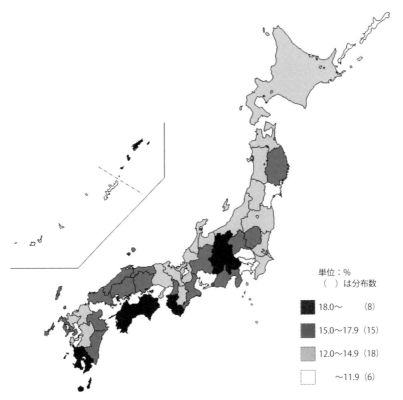

③ 空き家率－都道府県別（2018年）

空き家の中でも、「その他の住宅」に含まれる、管理が行き届いていない住宅が増加してしまうと、地域に対して様々な問題が生じることになります。想定される問題としては、防災性の低下（倒壊、崩壊、屋根・外壁の落下、火災発生のおそれ）、防犯性の低下（犯罪の誘発）、ごみの不法放棄、衛生の悪化、悪臭の発生（蚊、蝿、ねずみ、野良猫の発生、集中）、風景や景観の悪化、その他（樹枝の越境、雑草の繁茂、落ち葉の飛散など）が考えられます。このような問題を未然に防ぐため、現在国や地方自治体による空き家対策が進められています。

2 空家等対策のための制度

1. 空家等対策の推進に関する特別措置法（空家特措法）

年々深刻化する管理が行き届かない空き家問題に対処するため、日本政府は2014年11月に地域住民の生命・身体・財産の保護、生活環境の保全、空家等の活用について定めた空家等対策の推進に関する特別措置法を公布し、2015年2月の一部施行を経て、2015年5月に完全施行されました。この法律では、空家対策に関する国・都道府県・市区町村の役割を規定し、空家に関する情報収集、空家等とその跡地の活用方法、特に地域に様々な問題をもたらす特定空家等に対する措置について定めています。

2. 自治体による試み

空家特措法により、自治体でも市区町村は空家等対策計画を作成し、その計画にもとづき空家対策を進める責務を担っています。具体的には市区町村内の空き家の実態を把握し、その原因を究明すると同時に空き家を発生させない対策を講じます。東京都渋谷区では、④に示したような空き家施策を体系化しています。

3 空き家を活用する試み

1. 空き家バンク

空き家バンクとは、地域に存在する空き家物件の情報を地方自治体が収集し、その情報を

ウェブサイトなどを通じて提供する仕組みです。空き家が多く存在する地方の自治体で始められた試みですが、自治体ごとに取組み内容や活用状況が大きく異なったため、国土交通省が民間事業者の協力を得て「全国版空き家・空き地バンク」という仕組みも運用しています。2023年5月末の時点で、この全国版に966自治体が参加しており、累計約14,100件の空き家物件が成約しています。

2. 今後の空き家対策のあり方

上述の通り、日本社会では様々な空き家対策が講じられていますが、空き家の数は増加の一途をたどっています。こうした状況に対し、政府は2022年10月、社会資本整備審議会において、空き家対策小委員会を設置し、2023年2月、今後の空き家対策のあり方についてとりまとめました。

このとりまとめでは、対策の充実・強化が不可欠であるとし、今後の空き家対策として、a. 発生抑制、b. 活用促進、c. 適切な管理・除却の促進、d. NPO等の民間主体やコミュニティの活動促進をあげています。具体的な内容は次の通りです。

a. 発生抑制

・「終活」としての空き家対策の重要性などをアピールしつつ、所有者や家族の「住宅を空き家にしない」という意識を醸成させる。
・リバースモーゲージ等の活用を円滑化し、所有者のニーズに応じ、死後に空き家としない仕組みの普及を促す。

b. 活用促進

・相続時に空き家のリスクや相談先を周知したり、空き家バンクへの登録を働きかける等、相続人への意識啓発や働きかけを促進する。
・全国版空き家バンクの普及や空き家活用のモデル的取組みへの支援強化等を通じて、空き家の流通・活用を促進する。

c. 適切な管理・除却の促進

・活用困難な空き家の除却への支援や所有者の責務の強化などを通じて、所有者の主体的な対応を後押しする取組みを整備する。
・特定空家となるおそれのある空き家の所有者

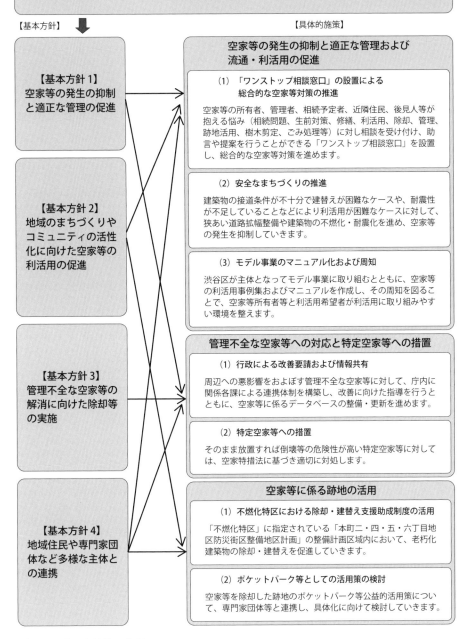

【基本理念】

「多様な主体がコミュニティを育む資源としての空家等の有効活用と適正管理」

【基本方針】　　　　　　　　　　　　　　　　　【具体的施策】

【基本方針1】
空家等の発生の抑制
と適正な管理の促進

【基本方針2】
地域のまちづくりや
コミュニティの活性
化に向けた空家等の
利活用の促進

【基本方針3】
管理不全な空家等の
解消に向けた除却等
の実施

【基本方針4】
地域住民や専門家団
体など多様な主体と
の連携

**空家等の発生の抑制と適正な管理および
流通・利活用の促進**

（1）「ワンストップ相談窓口」の設置による
　　総合的な空家等対策の推進

空家等の所有者、管理者、相続予定者、近隣住民、後見人等が
抱える悩み（相続問題、生前対策、修繕、利活用、除却、管理、
跡地活用、樹木剪定、ごみ処理等）に対し相談を受け付け、助
言や提案を行うことができる「ワンストップ相談窓口」を設置
し、総合的な空家等対策を進めます。

（2）安全なまちづくりの推進

建築物の接道条件が不十分で建替えが困難なケースや、耐震性
が不足していることなどにより利活用が困難なケースに対して、
狭あい道路拡幅整備や建築物の不燃化・耐震化を進め、空家等
の発生を抑制していきます。

（3）モデル事業のマニュアル化および周知

渋谷区が主体となってモデル事業に取り組むとともに、空家等
の利活用事例集およびマニュアルを作成し、その周知を図るこ
とで、空家等所有者等と利活用希望者が利活用に取り組みやす
い環境を整えます。

管理不全な空家等への対応と特定空家等への措置

（1）行政による改善要請および情報共有

周辺への悪影響をおよぼす管理不全な空家等に対して、庁内に
関係各課による連携体制を構築し、改善に向けた指導を行うと
ともに、空家等に係るデータベースの整備・更新を進めます。

（2）特定空家等への措置

そのまま放置すれば倒壊等の危険性が高い特定空家等に対して
は、空家特措法に基づき適切に対処します。

空家等に係る跡地の活用

（1）不燃化特区における除却・建替え支援助成制度の活用

「不燃化特区」に指定されている「本町二・四・五・六丁目地
区防災街区整備地区計画」の整備計画区域内において、老朽化
建築物の除却・建替えを促進していきます。

（2）ポケットパーク等としての活用策の検討

空家等を除却した跡地のポケットパーク等公益的活用策につい
て、専門家団体等と連携し、具体化に向けて検討していきます。

④ 東京都渋谷区の空き家施策の体系

に適切な管理を促す仕組みや活用困難な空き
家の除却への支援強化等を通じて、市区町村の
積極的な対応を可能とする取組みを整備する。

d. NPO等の民間主体やコミュニティの活動促進

・市区町村の取組みを補完するため、NPO等が
所有者に寄り添い、空き家の活用・管理に係

る相談対応やマッチング等の活動をしやすくす
るための環境整備を行う。

・地域レベルで空き家を放置しない意識を醸成
したり、自治会等から所有者への管理・活用
を働きかける等、地域コミュニティの取組みを
促進する。

10年間の住まいの変化

水村容子

　このテキストの初版は2013年に刊行されました。この10年間に私たちの暮らす社会は大きく変化し、それに伴い住まいにかかわる様々な変化や課題が生まれています。ここでは、その状況についておさえておきたいと思います。

■人口構造や家族構成の変化

　初版テキストにおいても、日本の人口構造の変化、すなわち少子高齢化や人口減少について触れています。2000年以降、日本の社会では人口の高齢化や少子化に歯止めをかけるため様々な施策が講じられてきましたが、この10年間に状況は好転したのでしょうか?

　残念ながら高齢化率の上昇も出生率の低下も防げていません。2013年の日本の高齢化率は25.1%、合計特殊出生率は1.43（出生数は約103万人）でしたが、2022年の高齢化率は29.1%、合計特殊出生率は1.26（出生数は初めて80万人台を割り約77万人）であり、高齢化・少子化の状況がより深刻化していることがうかがえます。様々な社会不安から非婚あるいは子どもを持とうとしない若年夫婦も増加し、世帯の小規模化も進行しています。特に高齢者世代を中心に単身世帯が増加している状況です。このような人口の高齢化や世帯規模の縮小傾向は住まいの維持管理に大きな影を落としています。

■空き家の増加

　第2版では新たに空き家対策に関する内容を加えましたが、空き家の増加は深刻な社会問題となっています。2018年の住宅・土地統計調査では、日本の空き家の数は過去最高の848万9千戸となり全住宅ストックの13.6%を占めています。総務省の住宅・土地統計調査では、「二次的住宅」「賃貸用の住宅」「売却用の住宅」「その他の住宅」の4つに分類されていますが、特に近年増加しているのが「その他の住宅」として位置づけられている居住者不在の住宅です。その中でも問題視されているのは、建築物が破損し敷地の手入れが行き届いていない管理不全な空き家です。こうした空き家の多くは、所有者の施設や病院への入所、あるいは死亡により手付かずのまま放置されています。子どもや関係者への相続も行われず、建物や敷地が荒れることにより、近隣に悪影響を及ぼしています。

　また、家族構成の変化に伴い高齢者の子世帯との同居は減少していますが、こうした高齢の親たちが他界した後、子ども世代が親の家を、売却や賃貸住宅として運用するなど適正に処分せず空き家のまま放置しているケースも少なくありません。

　このような問題への対応として、国土交通省は空家等対策特別措置法を施行し、空き家の出現を防ぐと同時に、既存の空き家を活用する取り組みを展開しています。また、2023年の同法の改正に伴い、管理不全空き家に指定され管理状態を改善しないと固定資産税が6倍となる対応が加わりました。空き家の所有者には、放置せず良好な管理を行うか運用するかの選択が迫られたことになります。

■マンションの管理問題

　空き家問題は主に戸建て住宅に生じている問題ですが、集合住宅でも深刻な課題が生じています。分譲マンションの老朽化と管理の不全という問題です。国土交通省の統計によると、2021年時点のマンションストック総数は約685.9万戸であり、推計によると国民の1割強が暮らしていることになります。また同年時点において築40年以上のマンションは115.6万戸であり、マンションストックの約17%を占めていますが、こうした建設年度が古いマンション（高経年マンションと呼びます）の割合は今後増加の一途を辿ります（①）。

　高経年マンションは、適切な維持管理や修繕

が行われていればその寿命（耐用年数）を延ばすことが可能ですが、そのためにはマンション住民によって構成される管理組合による管理活動や修繕資金の積立が求められます。しかしながら、現在、住民の高齢化などを理由とし、適正な管理が行われていない高経年マンションが増加していることが心配されています。

こうした問題への対応として、マンション管理の適正化の推進に関する法律が2001年に施行されました。また高経年マンションの急増への対応として2020年に同法を改正、2022年に施行し、維持管理の適正化や建て替えなどマンション再生に向けた取組みの強化を図っています。

■コロナ禍によるライフスタイルの変化

日本の新型コロナウイルス感染症への対応は、2020年1月に国内初の感染者確認の後、同年4月に緊急事態宣言が発出されてから、2023年5月に5類感染症への位置づけとなるまで、社会全体、あるいは医療機関・教育機関・職場・各家庭などにおいて様々な対策が講じられ、私たちのライフスタイルに大きな変化をもたらしまし

た。内閣府ではコロナ禍における日本人の生活状況の変化を把握するため、2020年から2023年までの間に6回の調査を実施しました。調査の内容は実施回により異なりますが、3回目以降は、1. 働き方、2. 子育て・結婚、3. 地方（への移住の意向）、4. その他、によって構成されています。

コロナ禍を経て大きく変化したことのひとつとして働き方があげられます。具体的にはテレワークを活用し在宅で仕事をする就労形態の登場と普及を意味しますが、2023年3月時点で、調査への回答者のうち全国的には約3割、東京23区居住者では約5割を占める人がテレワークを実施しています。その様子は報道でも取り上げられていましたが、自宅で仕事に従事するスタイルは、日本人の生活感に大きな影響を及ぼした様です。

②は、コロナ禍発生以降のワークライフバランスへの意識の変化を示したものですが、感染拡大直後の2020年5〜6月では回答者の約半数にあたる50.4％の人が「感染症拡大前よりも、生活を重視するように変化」と答えています。その後この割合は徐々に減少していきますが、2023年3月の調査時点においても30.1％の人が「生活を重

○築40年以上のマンションは現在115.6万戸（マンションストック総数の約17%）。
○10年後には約2.2倍の249.1万戸、20年後には約3.7倍の425.4万戸となる見込み。

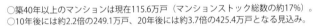

① 築後30、40、50年以上の分譲マンション戸数

※現在の築50年以上の分譲マンションの戸数は、国土交通省が把握している築50年以上の公団・公社住宅の戸数を基に推計した戸数。
※5年後、10年後、20年後に築30、40、50年以上となる分譲マンションの戸数は、建築着工統計等を基に推計した2021年末時点の分譲マンションストック戸数および国土交通省が把握している除却戸数を基に推計したもの。

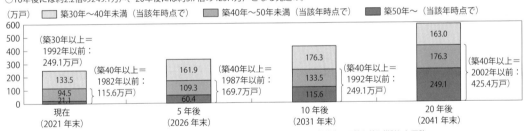

② ワークライフバランス（就業者）

視」しています。

　また家族と過ごす時間に関しても、2020年5〜6月の時点では70.3%の人が増加（大幅に増加：23.5%、増加：22.2%、やや増加：24.6%）と答えており、そのうち8割の人がそのような状態を「保ちたい」と考えていました。その割合は2023年3月になると減少はするものの、38.1%が増加（大幅に増加：4.2%、増加：9.4%、やや増加：24.5%）と答えており、家族生活を重視する世帯が一定割合増えたことが分かります（③）。

　ここで触れた内容はアフターコロナの変化の一部に過ぎませんが、住まいに求められる機能が変化しつつあることがうかがえます。

■住み続けられる住まいの実現に向けて

　英語でAffordable Housingという表現があります。日本語への直訳は「適正価格の住宅」ですが、現在、世界的にはもう少し広い意味で捉えられています。「どのような立場の人でも住むことができる良質な住宅」を意味し、そうした住宅を供給する仕組みや方法を生み出すこととして捉えられています。

　世界各国の都市部では住宅価格や家賃の高騰により、所得の低い若者や年金生活者である高齢者などに良質な住宅が行き届かない状況が生じています。適正な住まいが入手できないことにより、生活基盤を築くことが困難となり、特に若者の中にはそれを理由として結婚を控えたり、子どもを持とうとしない考えが広がっています。日

本の隣国である韓国では、2022年の合計特殊出生率が0.78となり7年連続で最低値を更新しています。この急激な少子化は、若者の雇用環境の悪化と住宅価格の高騰が理由としてあげられています。少子化の進行と同時に住宅価格が上昇している日本社会も、早晩同じような状況に突入するのではないかと心配されます。

　世界の都市で発生している居住困難の原因は様々ですが、このように多くの人々の居住が危ぶまれる状況に対し、2015年の国連総会で採択されたSDGs「持続可能な開発のための2030アジェンダ」では17の目標の11番目として「住み続けられるまちづくりを」を位置づけ、その中で「2030年までに、すべての人が、住むのに十分で安全な家に、安い値段で住むことができること」が目指されています。

　日本社会でAffordable Housingを供給する対策が講じられているのかというと、（筆者の私見ですが）残念ながら対策が取られていないのが現状です。一部の心あるNPOや事業者が空き家を借り上げ、母子世帯や若者向けのシェアハウスを提供する試みなどは存在しますが、こうした事例は限られています。一方、大量の空き家が存在するにもかかわらず、新築住宅の建設は続き、その価格は右肩上がりの一途です。居住に関して、様々な問題に直面する日本社会が、今後の10年間でいかに住み続けられる住まいの仕組みを実現するのか。本書で学ぶ学生の皆さん自身の課題と捉えてください。

家族と過ごす時間の変化

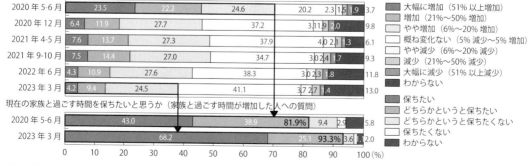

③ 家族と過ごす時間（18歳未満の子を持つ親）
＊2019年12月（感染症拡大前）からの変化を質問

第 **2** 部

現代社会における
子育て-高齢化-
家族問題と
住まい

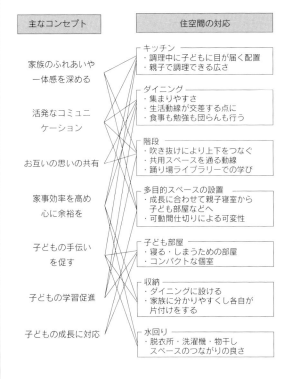

5-1 子育て世代の住まい

◆◆ 学習のねらい ◆◆
まず子どもの発達と住空間の関係性について学び、それに加えて少子高齢化の進む社会において、子育て世代のための住まいに求められる要件を考えてみましょう。

1 子どもの発達と住空間

1. 子どもの成長と住環境ニーズ

　人が産まれてから成人期を迎えるまでは、身体的にも精神的にも大きく成長する時期です。それぞれの**発達段階**に応じた住空間や家具のあり方、家族との関係などを考えながら**住環境のニーズ**を満たすこと（①）が重要です。

	主たる発達課題	テリトリーの形成状況と住環境への配慮
乳児期(0〜1歳)	・生理的安定 ・人との情緒的交流 ・固形食・歩行の学習	拠点の発生、テリトリー形成・拡張 →二次拠点の発生 衛生面と安全面への配慮 養育者から目が届く範囲で過ごす 心地良く寝られる場所の確保
幼児前期(2〜3)	・基本的生活行動 ・排泄の学習・食事の自立 ・話すこと	一次拠点としての自分の家 (玩具をしまうところなど) 二次拠点の拡張(保育所・幼稚園の経験)
幼児後期(3〜6)	・友達との人間関係 ・自我の確立・知識の拡大 ・善悪の区別・良心の学習	基本的生活行為を行う安定した環境 養育者が見守る中での遊びスペースを確保 専用の収納場所や活動のための作業台 家事に参加できるような配慮
学童期(6〜12)	・個人的独立の達成 ・適切な社会的役割の学習 ・集団や制度に対する態度	家庭内で個のテリトリー形成 学校もひとつの拠点に 自分のテリトリーを管理できる工夫 成長に応じた専用のコーナーや部屋 学習のスペースを確保 物の管理と整理整頓を促す工夫
思春期(12〜18)	・両親や大人からの精神的独立 ・両性の友人との人間関係 ・行動を導く価値観形成	家庭内で個の拠点形成 プライバシーを守れる部屋 親子・異性兄弟との就寝分離 家族とのふれあいへの配慮 友人を呼べる空間の確保
成人初期(18〜25)	・社会的役割の達成 ・市民としての知識・価値観 ・職業生活と結婚	家庭から独立した拠点

① 子どもの発達と住環境に求められる配慮
テリトリーとは、そこに帰属することにより精神的に安定した生活を保証する精神的、社会的そして空間的な領域のこと。

2. 子育て世代の住空間

　今日、社会で望まれる家族のあり方や住宅ニーズの一端を読み取るために、ここからはハウスメーカーの住宅提案に着目します。メーカー各社は、児童心理の専門家が参画するなどして、子育て世代のための住宅提案を数多く行っています。主な提案のコンセプトと住空間の対応をまとめると（②）、まずは家族のふれあいやコミュニケーション、思いを共有することが重視され、それを実現させる手段としてキッチンやダイニングが中心に考えられていることが分かります。孤食（ひ

② ハウスメーカーが提案する現代の子育て住宅
キッズデザイン賞を受賞したハウスメーカーの提案より作成。キッズデザイン賞とは、子どもたちの安全・安心に貢献するデザイン、創造性と未来を拓くデザイン、そして、子どもたちを産み育てやすいデザインの顕彰制度である。

74

とりで食べること）や個食（家族で別々のものを食べること）といった家庭の食生活の貧しさが指摘されて久しい社会状況の反映とも受け取れます。

次に子ども部屋に着目すると、用途を限定してコンパクトにする、また多目的スペースに可変性を持たせて子ども部屋としても使えるようにする、という傾向が見られます。これまで子ども部屋については、自立を促すための必要論と発達に良からぬ影響があるという不要論の両者がありましたが、今日では、まず子ども専用コーナーやスペースを用意し、成長に応じて最小限の部屋をしつらえるという考え方が普及しています。

2 子育て世代をめぐる社会の状況

1. 少子高齢化社会とその対策

日本は少子高齢化が続き、2005年からは人口減少も始まりました。このまま**少子化**が続くと経済産業の維持や社会保障の成立も難しくなるため、対策が必要とされていますが、少子化は住まいと相関があるといわれています。つまり「居住する住宅に対する親からの援助があるほうが出生児数が多い」「住宅における1人当たり居住室の畳数が広いほど子どもの数が多い」といったことです。そこで、子育て世帯に対する住宅面での対策が必要とされています。

2. 今日の子育て世代の特徴

次に、今日の子育て世代の特徴を見ていきましょう。未就学児のうち、3歳未満の5〜8割は自宅で過ごしていますが（③）、3歳以上になると大半は幼稚園や保育所などに通っています。ここ10年ほどでは結婚後も働く女性の割合は増えています（④）から、働きながら子育てのしやすい住環境や子育て支援へのニーズが増加しているといわれます。こうしたニーズは、現代社会特有の子育てのストレス（⑤）とも無関係ではないでしょう。こうした課題の対策として考えられている住まいの事例を見ていきましょう。

3 子育て世代のための住環境整備

1. 公的な取組み

子育て世代がふさわしい住環境を手にするためには、公的な取組みが多く見られます。具体的には、住宅取得における費用面での支援や**子育て世代向けマンションの認定制度、子育て世帯向け優良賃貸住宅の供給助成事業**などです。また、子育て世代向けに公的な住宅を新設したり優先的な入居制度を設ける自治体も出てきました。

2. 子育て支援住宅

子育て世代向けに公共が管理する住宅は、「**子育て支援住宅**」とも呼ばれます。「子育て世代」の定義は、「未就学児がいること」「中学校就学前の子どもがいること」「満18歳未満の親族がいること」など自治体により様々ですが、子育て支援住宅の先駆的な取組みに、広島県坂町の平成ヶ浜住宅があります。

坂町は、広島市に隣接するものの子育て世代の流出が進んでいました。そこで未就学児がいる世帯を中心とした**地域コミュニティと子育てに**

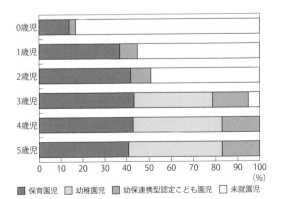

③ 就学前教育・保育の実施状況（2019年度）

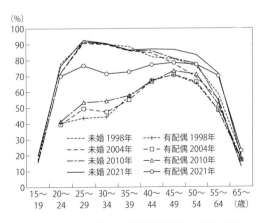

④ 配偶者関係別女性の年齢階級別労働力率の推移

やさしい環境の形成を目指して、2003年度から県と協同で子育て支援住宅と保育所、子育て支援センターを一体的に整備しました（⑥）。この住宅が建設され、2005年から5年の間にまちの14歳以下の人口は15.7%の増加（人口1万人以上の市区町村で全国9番目の伸び）が見られました。2005年度から23年5月までの転出入の状況を見ると、総入居146世帯のうち町外からの世帯が62%に上り、そのうち43%の世帯が支援住宅を経て町内に転居するという展開が見られています。また、入居者の継続居住の希望もあり、入居期限の緩和等も行われてきました。子育て世帯向けに住戸の内装を遮音フローリングとしたため、一般公営住宅に比べて修繕を必要としますが、音環境は良好に保たれているとの声が聞かれます。

3. 子育て世代を受け入れる町

地域の人々との日常的なかかわりは、子どもの成長過程に大きな意味を持ちます。そこで町ぐるみで子育て世代を受け入れるユニークな事例を見ていきましょう。

人口減少が著しく、小学校も統廃合の危機にあった広島県三次市青河町（⑦）では、「小学校がなくなっては、地域がなくなったも同然」と危機感を抱いた住民有志が2002年に有限会社ブルーリバーを立ち上げました。子育て世代の移住受け入れや就労支援等を行って地域の価値を高めつつ、持続的な居住環境づくりに取り組んでいます。活動の柱は新築住宅（⑧）とリフォーム住宅の貸し出しで、2023年6月時点で7軒の新築住宅と6軒のリフォーム住宅を整備しています。リフォーム費用は家賃のみではまかなえないため、太陽光発電の売電による利益を充てています。これらの住宅に累計151人が入居し、子どもはそのうち76人を数えます。そこから転居して町内で住宅を取得する人もおり、移住者は人口の1割を超え、小学校も存続しています。ここで注目したいのは、住宅の立地選定の工夫です。移住者が地域に馴染みやすくするため、大規模な敷地に新築住宅をまとめて建設するのではなく、コミュニティの単位である大常会ごとに新築住宅・リフォーム住宅の戸数を抑制しているのです（⑨）。移住者は大常会を通じて地域の人とかかわりを築いていきますが、「いろいろと声をかけてくれ、適度な距離感も保ってくれるのでありがたい」といった声が聞かれます。

小学校の隣地にあるコミュニティセンターで、聞こえてくる子どもたちの声を原動力に活動してきたブルーリバーの取組みは、子育て世代の住まいと地域の関係について示唆に富んでいます。

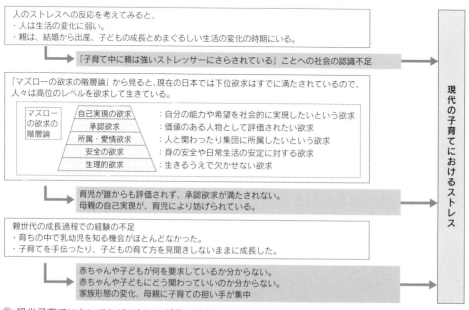

⑤ 現代子育てにおいてなぜストレスが高いのか

□住宅の内訳
1号館（供用開始 2006 年 4 月）
　　町営住宅：子育て支援住宅 3LDK 20 戸
　　県営住宅：60 戸（うち子育て枠 30 戸）
2号館（供用開始 2008 年 4 月）
　　町営住宅：子育て支援住宅 3LDK 10 戸、2LDK 10 戸
　　県営住宅：60 戸（うち子育て枠 10 戸）
3号館（供用開始 2011 年 4 月）
　　町営住宅：子育て支援住宅 3LDK 10 戸
　　県営住宅：50 戸（うち子育て枠 10 戸）

□配置図

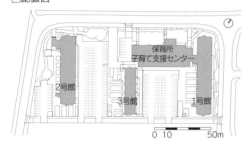

□外観写真

平成ヶ浜住宅の 3 号館と 2 号館の外観。
手前は、道路に面する保育所と子育て支援センター。

⑥ 平成ヶ浜住宅の概要

□子育て支援住宅の平面図と特徴
3LDK型住宅の一例

＜平面計画の特徴＞
・玄関はベビーカーが入る広さを確保
・便所は通常より広く、親子で入ることもできる
・バルコニーは奥行きを深くし、ビニールプールや砂場
　を設置することができる

＜設備面の特徴＞
・床面は遮音フローリング仕上げ
・床をバリアフリーにし、手すりを設置
・窓は指詰め防止の仕様
・鍵とドアノブは通常より高い位置に設置
・コンセントは脱着式

子育て支援センターとは、子育ての負担感等の緩和を図り、安心
して子育てや子育ちができる環境を整備するために厚生労働省
により設置される子育て支援拠点の1つ。

2023 年 5 月現在

人口	406 人（うち 1 割超が移住者。65 歳以上は 45.8%）
住宅総数	176 軒
大常会	8 つ（コミュニティ単位。集会や葬式の手伝い　などを行う）
教育施設	小学校 1、学童保育 1

⑦ 青河町の概要

⑧ 新築住宅の外観

青河町　小学校区

⑨ 移住者の住まいの分布

移住者の住まいは、ブルーリバーの新築住宅（■）と
空き家リフォーム（⌂）がある。

子どもと親の特別な住まい

◆◆ 学習のねらい ◆◆

ひとり親世帯の貧困やそれに起因する居住貧困の実態と公的な支援制度、また、近年登場しているシングルマザー向けシェアハウスの実態について学習しよう。

1 子どもの貧困とひとり親の増加

1. 子どもの貧困率が高い国日本

2000年代後半、OECDは日本の子どもの貧困率はOECD加盟国の平均よりも高いことを公表しました。官庁統計などでは、貧困の状態を示す指標として相対的貧困率が公表されています。これは、1人あたりの可処分所得を並べ、中央値の半分に満たない人の割合を示したものになります。2019年の国民生活基礎調査によると、親が2人いる子どもの相対的貧困率は10.7%、これに対してひとり親のそれは48.1%、つまり、その半数が貧困状態にあるということが報告されています（①）。

2. ひとり親の数の上昇

ひとり親とは、父親あるいは母親いずれかと20歳未満の子どもからなる世帯を指します。

厚生労働省（2021）によれば、ひとり親世帯の数は134.4万世帯と推計されており、このうち母子世帯が88.9%を占めると報告されています。1990年代、約80万世帯と推計されていた母子世帯数は、約30年の間に40万世帯以上も増加しました。敗戦直後は、戦争による死別母子世帯の増加が母子世帯総数を押し上げる要因となっていました。

1960年代に入ると戦災を理由とする死別母子

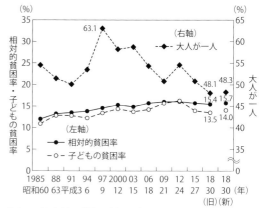

注1) 1994（平成6）年の数値は、兵庫県を除いたものである。
2) 2015（平成27）年の数値は、熊本県を除いたものである。
3) 2018（平成30）年の「新基準」は、2015年に改定されたOECDの所得定義の新たな基準で、従来の可処分所得から、さらに「自動車税・軽自動車税・自動車重量税」、「企業年金の掛金」および「仕送り額」を差し引いたものである。
4) 貧困率は、OECDの作成基準に基づいて算出している。
5) 大人とは18歳以上の者、子どもとは17歳以下の者をいい、現役世帯とは世帯主が18歳以上65歳未満の世帯をいう。
6) 等価可処分所得金額不詳の世帯員は除く。

① 貧困率の年次推移

（単位:%）

年	死別総数	死別内訳			生別総数	生別内訳		
		病死	戦争死	その他		離婚	未婚	その他
1952	85.0	43.1	38.2	3.7	14.9	7.6	1.6	5.8
1956	77.9	47.6	26.1	4.2	22.1	14.6	1.9	5.6
1961	77.1	56.2	14.1	6.8	22.9	16.8	1.9	4.2
1967	68.1	57.3	1.7	9.1	31.9	23.7	1.8	6.4
1973	61.9	48.1	—	13.8	38.2	26.4	2.4	9.4
1978	49.9	38.2	—	11.7	50.2	39.7	4.8	7.5
1983	36.1	28.1	—	8.0	63.9	49.1	5.3	9.5
1988	29.7	23.7	—	6.5	70.3	62.3	3.6	4.4
1993	24.6	—	—	—	73.2	64.3	4.7	4.2
1998	18.7	—	—	—	79.9	68.4	7.3	4.2
2003	12.0	—	—	—	87.8	79.9	5.8	2.2
2006	9.7	—	—	—	89.6	79.7	6.7	3.8
2011	7.5	—	—	—	92.5	80.8	7.8	3.9
2016	8.0	—	—	—	91.1	79.5	8.7	3.8
2021	5.3	—	—	—	93.5	79.5	10.8	4.4

② 母子世帯の発生要因の経年的変化

就業している	従業上の地位					不就業	不詳
	正規の職員・従業員	派遣社員	パート・アルバイト等	その他			
1,031,567	503,380	37,387	400,134	7,225		109,412	54,149
86.3%	48.8%	3.6%	38.8%	8.9%		9.2%	4.5%

③ 母の就業形態（2021）

世帯の数は一旦半減しますが、これにかわって1970年代に入ると離婚を原因とする母子世帯が急増することとなりました（②）。

母子世帯の収入は父子世帯と比較して平均所得も低位で、より苦しい状況に置かれていますが、その背景には、日本の女性の働く環境の未整備があると指摘されています（③）。

2　住まいに困窮する母子世帯への支援

1.　ワーキングプアに陥る母子世帯

前掲の厚生労働省の調査では、母子世帯の世帯収入は373万円、これは、児童のいる世帯全体の平均（813万円）の半分にも満たない数字です。③を見ると、8割以上の母親が働いていることが分かります。ただし、働いている人の約4割が、賃金が低く、パート・アルバイトに従事するなど、いわゆるワーキングプアの状態に置かれていることが問題です。このように、女親が不安定な雇用状況に置かれる背景には、未だ多くの女性が婚姻や出産を機に仕事をやめたり、家庭生活との両立のために働き方を変えたりといった傾向が高く、正規職に就くだけのキャリアがないという点があげられます。このほか、小さな子を抱えて働くことの困難があります。突然の発熱、怪我といった場合、保育所は子どもを預かってはくれません。そのたびに欠勤、早退せねばならないという事情も母子世帯を安定雇用から排除する一因となっているのです。

2.　住宅確保の困難

一般世帯や父子世帯と比較して、母子世帯は借家に住む割合が高いのが特徴です（④）。

母子世帯の多くが離婚をきっかけに結婚時の家を出る傾向にあります。その理由は、そこにとどまっても家賃やローンが支払えないなど様々です。近年では、夫からの暴力（ドメスティックバイオレンス）から逃れるために家を出るケースも報告されています。

住宅に困る人のために、政府は公営住宅を供給していますが、それは全住宅の4％弱と低位です。また、公営住宅は立地が限定的であり、子どもの学区内など希望する地域に団地がないと

いう場合も少なくありません。低家賃の住宅に入居したいけれども、立地面で折り合いがつかず、あきらめるという意見も多くあがっています（⑤⑥）。

一方、民間の賃貸住宅に入居するためには、支払い能力、つまり安定した就労と収入を証明する必要があります。

上で指摘したように、母子世帯の就労は極めて不安定であり、ゆえに、家賃の不払いリスクが高いと判断され、入居を断られるということが発生しています。なんとか民間賃貸住宅が確保できたとしても、その質は狭い、古い、設備が悪いなど、低いことが指摘されています（葛西2017）。

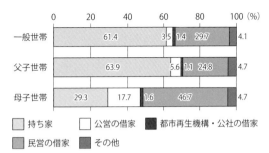

④ ひとり親世帯と一般世帯の住宅所有関係
注：同居世帯がいない世帯を対象とした

希望する（応募した経験あり）	希望する（応募した経験なし）	希望する（応募した経験なし）／うち公営住宅を知らなかった	希望しない	希望しない／うち公営住宅を知らなかった	公営住宅を知らなかった
構成割合（%）	構成割合（%）	構成割合（%）	構成割合（%）	構成割合（%）	構成割合（%）
7.7	14.7	0.8	71.2	1.0	6.3

⑤ 母子世帯の公営住宅入居希望状況 (n=2,198)

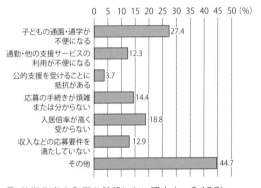

⑥ 公営住宅の入居を希望しない理由 (n=2,198)

3 シングルマザーシェアハウス

1. 離婚後の住まいを支援する

2010年代以降、企業が母子世帯のためのシェアハウスを開設する動きが始まっています。2023年現在、全国に50カ所程度の事例が存在します。空き家を改修することでコストを抑え、母子世帯でも入居しやすいように低家賃のものが多いことが特徴です。

離婚前後、母子世帯の自立に住宅の確保は欠かせませんが、併せて、育児などのケアがなければ安定した仕事を確保できないという声もあがっています。保育所の開所時間外に突発的な事情で、誰かの手を借りなければならないという事態は母子世帯に限らず、子育て期にはよく起こりうることです。

シングルマザーシェアハウスは、複数の母子世帯やその他世帯が一つ屋根の下、共に暮らし、必要なケアを相互補完しながら自活を目指すことを実現する住まいとして注目されています。近年では、自治体や非営利組織など他機関と連携して、学習支援や食堂、ショートステイサービスなどを提供する事例も登場しています。

2. シェアハウスでの生活

建物は、風呂や便所、台所などの水回りを共有するタイプが多いのが特徴です（⑦）。居住者の団らんの場として、リビングが活用されますが、その他、1世帯1室という窮屈さを解消するために、多目的室やコワーキングスペースといった空間を設ける事例もあります（⑧）。

あるシェアハウスでは、母親が帰宅するまでの間、シッターが21時まで子どもたちを見守ります。子どもたちはリビングに集まり、宿題を終えたのち、一緒に夕食をとり、入浴をすませ、母親の帰りを待ちます（⑨）。居住者からは、「放課後、子どもだけで留守番させずにすむ」「孤食させる機会が減った」また、「災害時に安心できる」などサービスを評価する声があがっています。

平均居住年数は1〜2年で、多くが、収入の安定や、子の成長を機に転居しています。

シェアハウスは自立までの一時的な住まいとしての側面が強いのですが、中には、同じ学区内

に住まいを確保し、シェアハウスが地域の拠点として活用されている事例もあります。地域の子どもが下校時に立ち寄ったり、退去した親子で食事に訪れたり用途は様々ですが、孤立しがちな母子世帯の重要な資源となりつつあります。

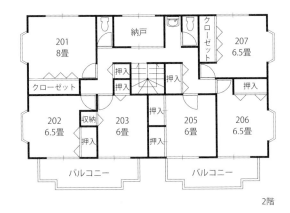

2階

1階

⑦ あるシングルマザーシェアハウスの間取り

⑧ シェアハウスのコモンルーム

4 母子生活支援施設の環境と課題

　住まいに困窮する母子世帯に対する住宅支援の1つとして、児童福祉法第38条にもとづく母子生活支援施設があります。敗戦直後の住宅難の時代、同施設は行き場を失った死別母子世帯の住まいの受け皿として重要な役割を果たしていました。しかし、ピーク時には650カ所程度あった施設数は減少の一途をたどり、2021年には215カ所となっています。

　施設数減少の主な理由は利用者数の低下にあります。2006年に11,406人であった利用者数は2021年には7,446人へと激減しています。その要因は、社会構造の変化により女性の雇用機会が拡大、多様化したことや、母子世帯の存在が一般化したことにより、不動産業者が彼女らを顧客として意識し始めたこともその一因として指摘されています。

　2011年には母子生活支援施設を含む児童福祉施設の最低基準が1人あたり居室面積3.3㎡から1室あたり30㎡以上に引き上げられました。

　施設の設立は、1955年以前が6割を占めます。かつては、風呂や便所が共有という施設が一定数存在しましたが、近年では、改修や建て替えも進み、風呂や台所、便所といった水回りが個室に完備する事例が増えています。施設のバリアフリー化も進み、家族人数によって部屋数など住戸規模にバリエーションを持たせる事例も登場しています。

　なお耐震工事については、2014年に25%だった未整備の割合が2022年には8.5%にまで低下しています。

5 利用者の質的変化と新たな施設ニーズ

　敗戦直後には、住宅事情を主な理由として入所する死別母子世帯がほとんどでした。しかし、離婚等を原因とする生別母子世帯の増加により入所者の抱える課題も経済問題をはじめ、母親の健康問題、育児不安、就労問題、元夫からのDV被害、ひきこもりなどの子どもの行動課題など多岐にわたります。(⑩)。

　同施設は、困難を抱える親子のための一時施設です。よって入所者の半数が2年以内に退所します。ほとんど(97%)の施設が、母子が地域で孤立しないために継続的なアフターケアを実施しており、電話相談や訪問相談などを行っています。数はまだ少ないですが、子ども食堂など、地域の居場所を開設して、退所者が通える場を創設している事例もあります。このように、社会情勢の変化などにより母子生活支援施設の機能や期待される役割は大きく変化してきたといえるでしょう(⑪)。

⑨ シェアハウスでの様子(ペアレンティングホーム金沢文庫)

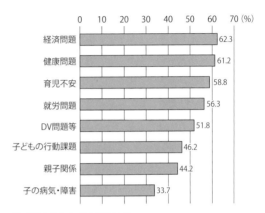

⑩ 利用者からの相談内容
出典；R4全国母子生活支援施設基礎調査報告書より作成
割合の高いものをピックアップして掲載している。

⑪ 施設内の保育施設の様子

子どものための社会的住まい

◆◆ 学習のねらい ◆◆
様々な理由で両親や家族と暮らせない子どもの数は、2022年時点で42,000人に上っています。こうした子どもたちが生活し成長する場所として、社会的にどのような住まいが用意されているかについて考えてみましょう。

1 社会的養護とは

様々な理由から家族と暮らせない子どもを公的責任で社会的に保護し養育すること、さらには子どもを育てることに困難を抱えた家庭を支援することを社会的養護といいます。

①は、日本において社会的養護として整備されている体系を示していますが、大きくは家庭養護と施設養護によって構成されます。家庭養護とは、里親制度や養子縁組など両親に代わる保護者の家庭で養育されることです。専門的な知識や経験のある里親はファミリーホームとして、6人までの子どもを受け入れます。一方の施設養護には、乳幼児専用の乳児院、18歳以下の児童が暮らす児童養護施設、社会生活への適応に困難さのある子どもが短期間入所し治療を受ける児童心理治療施設、母親と子どもを保護し自立へ向け生活を支援する母子生活支援施設など、様々な機能を持つ施設が整備されています。

2 社会的養護における課題

児童福祉法により整備されてきたこれらの施設ですが、社会の変化に伴い、施設に求められる姿も変化してきています。今日の課題の最も大きなものに、児童虐待があげられます。児童養護施設に入所している子どもの約7割が入所までに虐待を受けています。そのため、子どもの年齢にかかわらず、養育者との愛着関係を育み直すことが社会的養護には求められます。それに加えて、子どもの権利が重視される世界の潮流を受け、これまで施設養護が主流であったわが国においても、家庭環境で暮らすことのできる里親を第一の選択肢として検討するようになりつつあり

ます。実際に里親への委託児童数は2010年からの10年間で1.8倍になりました。その一方で、施設には多様な専門職の職員が在籍し、これまでの支援の蓄積があるため、より高度で専門的な養護が求められています。また施設養護には、大規模な形態の施設で規則を優先しがちな集団生活ではなく、個別のニーズに応じた生活を営みやすい少人数の施設形態とすることが課題です。さらに、施設に入る子どもも一般家庭の子どもと同様の経験が得られるよう、施設を地域に分散したり、施設を社会化したりすることが求められます（②）。児童養護施設の例を見ると、施設の中

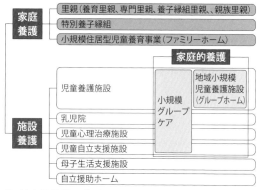

① 社会的養護の体系

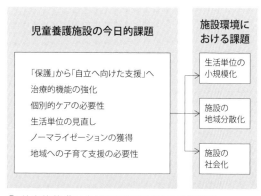

② 社会的養護の生活の場における今日的課題

でも空間的に区切られた範囲内で生活が完結できる小規模グループケアという方法があります。また、施設敷地から地域に出て、民家住宅などを活用するグループホームの取組みも行われています。

3 ケアから考える児童養護施設の環境

子どもが施設に入所する理由は様々ですが、彼らの持つ背景に着目すると、共通点があります。それは、「大切にされたと実感できる養育が少ない」「自分の誕生や存在をマイナスに捉えている」「自他の境界が曖昧である」といったことです。それゆえ施設では、子どもたちのいわば「育て直し」を行いながら、適切なケアを提供する必要があります。

建築の側面から施設ケアを捉えると、環境療法という考え方が着目されます。これは、施設全体が治療の場であり、行っているすべての活動が治療であるという考え方です。子どもの生活空間に関しては、生活集団の規模を小さいものにとどめ、子どものコミュニケーションが図られる空間に職員の目が届くことや、見通しがききつつも身の置きどころがある空間構成であるといったことの重要さが指摘されています。施設全体の構成としては、6人程度のグループに分かれて家庭的環境で生活を送りつつ多職種の職員が適切なケアを行うことが基本的な方向性となっています。

こうした点に加えて、被虐待等により子どもたちが抱える課題が大きい今日は、施設の日常生活にトラウマのケアが取り入れられつつあります。つまり、子どもが生活スペースにおいて「自己の大切さ」を実感し、さらに「個々人にはプライバシー（境界線）がある」ことを理解するための支援

があります。具体的なアプローチとして、「自分の物」「自分の場所」「自分の時間」を子どもが明確に理解し大切にできる生活環境が必要です。それに加えて、心地よい環境での生活経験を通じて、「快」や「不快」といった感覚を取り戻す経験が必要になります。

以上のような取組みを実践している施設として、千葉県にある児童養護施設一宮学園を取り上げます。一宮学園はトラウマケアを基底においた生活環境の整備に取り組む中で、2019年に本体施設から車で5分ほどの距離にある駅前に木造2階建てのグループホームを開設しました（③）。ここは全国的にも珍しい、2つのグループホームが職員スペースを介して連結する形態をとっています。これは、多くのグループホームが6人の子どもに対して職員は1、2人で勤務する形が多く、職員の孤立や負担、職員育成の難しさ等が大きな問題となっていることが背景にあります。2ホームを組み合わせることで、職員同士が連携することができ、また宿直回数の削減にもつながります。

このグループホーム内におけるトラウマケアのための環境の特徴を見ていきましょう。まずは生活空間における個人の境界を明確にしていることです。子どもの居室はすべて個室で、内側から鍵がかけられるようになっています。このことは、子ども自身が自分の領域への人の侵入をコントロールする権利を持っている、ということを意味します。これは虐待を受けてきた子どもが、自分自身を大切にできるようになるためのひとつの重要な手段と見ることができます。自分の領域を意識化し人との境界を明確にすることは、タオル掛け（④）や洗面用具（⑤）にも及びます。また、ベッドに横になっているときに、部屋の入り口から顔

③ グループホームの外観

④ 人数分が用意されたタオル掛け

⑤ 個人の籠に分けられた洗面用具

がダイレクトに見えないような居室の構成も子どもの安心感を意識した設計です（⑥）。次に、五感に心地よく訴える生活環境があげられます。明るい色調の室内には花が飾られ、外構には植栽が整えられています。「味噌汁の香りで子どもを起こそう」を合い言葉に、キッチンでは職員が食事を調理し、その音や香りがホーム内をただよいます。五感を通じて心地よさを感じる日々を重ねることは、虐待等で歪んだ認知構造を調整することにつながります。

⑥ 入り口から見た児童居室

⑦ ダイニングからキッチンとリビングを見る

建物の構成としては、リビングとダイニング（⑦）のコンパクトさが特色です。ここでは小学生から高校生までの縦割りの集団構成であるため、子どもたちの食事や団らんの時間が年齢ごとにずれることが日常です。そのため共用空間は小さめにし、建設費および運用費の削減を図っています。また、階段の位置にも特色が現れています。階段はダイニングに面しながらも玄関との接続の良さが重視されています。そのため、帰宅した子どもがほとんど人と接することなく自室へ行くことも可能です。職員からの把握のしやすさは確保しつつも、子どもたちが強制的に交流させられることがないように、ということが意識されています（⑧）。

4 自立援助ホーム

子どもを育てるには「家庭」「学校」「地域」という3つの柱が必要だといわれます。社会的養護の下で育つ子は、これら3つからいっぺんに引き離されてしまった経験があり、自尊感情や学力が削がれてしまう現状があります。これは彼らの

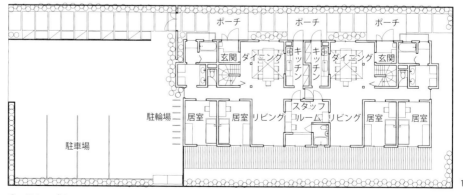

⑧ グループホーム平面図

自立にも影響しています。人の成長において10歳代後半とは、出会う人や経験する活動などを広げながら、自分の将来や自立のあり方について模索を深める時期です。模索の過程には迷いや失敗もありますから、親や家族の支援は重要な意味を持ちます。ところがそうした支援を得られない場合、社会的にも経済的にも自立を急かされてしまい、過酷な社会生活を強いられることは決して珍しいことではありません。当事者活動による訴えや長年にわたる関係者の支援活動により、近年ではアフターケアの充実が目指されています。そのひとつに自立援助ホームがあります。

　自立援助ホームは、義務教育の終了後になんらかの理由で家庭にいられなくなったり、また児童養護施設等を退所したりして働かざるを得なくなった、原則として15〜20歳までの青少年が職員と共に暮らす場です。1950年代より全国で少数の先駆的な支援が行われ、1997年に法制化されました。2023年現在、全国に274のホームがあります（全国自立援助ホーム協議会、令和5年6月）。半数が2018年以降に設立されており近年の急増が特徴的です。児童養護施設のアフターケアを主な役割として始まった自立援助ホームですが、現在は利用者の委託・入所経路は家庭からが4割を超えます（⑨）。入所児童は高校就学が3割強、就職が3割強、その他が3割と多様な子どもをケアする実態があります（⑩）。定員は6人のものが73%であり、使用する建物は、既存住

宅や既存集合住宅を活用するケースや、自立援助ホームを目的として新築するケースなどがあります。

　自立援助ホームの事例として、宮城県大崎市に位置する「峠のまきば」（⑪）と「愛子2」を取り上げます。峠のまきばは男子6人定員の、愛子2は女子5人定員のホームで、ＮＰＯ法人まきばフリースクールが運営しています。ホームは既存の民家を活用し、水回りの改修等の手を入れながら生活をしています。

　同法人は、持続可能な多世代共生のシェアコミュニティづくりを掲げ活動しています。自立援助ホームの他に、フリースクール、高齢者介護、障害者福祉（就労継続支援、グループホーム）、児童福祉（里親ファミリーホーム）など7つの事業を近隣地域で展開しています。活動の特色として、法人内各事業との連携があげられます。ホームの利用者は、フリースクールで学業やスポーツに取り組んだり、高齢者介護デイサービス施設での就労練習や農産物直売所での接客業練習などができます。現在、法人スタッフの約7割は各サービスの元利用者ということです。一般的に、自立援助ホームを巣立った人々は社会で孤立しやすく、ホームスタッフの仕事の半分は退所者のフォローに費やされるといわれるほど、自立支援には長いかかわりが必要とされます。まきばフリースクールがひとつの地域に多様なプログラムを展開することで、ホーム利用者自らが支援する立場にもなれる仕組みを内包している点は、まさに「持続可能な多世代共生のシェアコミュニティづくり」を体現していると言うことができます。

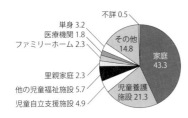

⑨ 委託経路または入所経路の割合

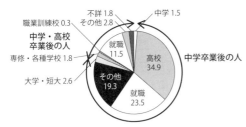

⑩ 入所児童の就学・就労状況

⑪ 峠のまきばの外観

6-1 単身者の住まい―シェアハウス

◆◆ 学習のねらい ◆◆

単身者たちの新たな居住スタイルとして、都心に急増しているシェアハウスの魅力と課題を探ります。それは、高齢化や単身化が進む日本において、孤独死、経済面、空き家などの対策の手掛かりになるでしょう。

1 シェア居住者とシェアハウスの動向

1. シェア居住の定義

シェア居住とは、ひとつの家屋（または棟）または居室を非縁故関係の複数の人々が共有し生活する住まい方です。居住者らが居間や台所、トイレなどを共同で利用するのは共通ですが、建物類型、契約期間、居住者間のシェア関係、運営主体、所有形態などによって**ルームシェア**、**ホームシェア**、**ゲストハウス**（シェア住居型）に分類できます（①②）。近年は、個室の中に洗面台、トイレ、シャワーブースなどが完備されています。

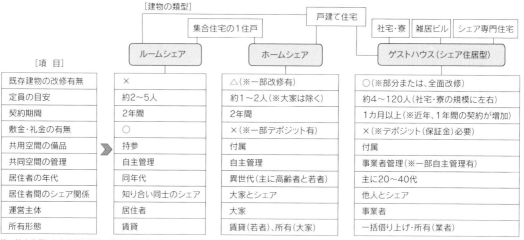

注：独立完備した各住戸と別途の共用空間を持つ「コレクティブハウス」は分析対象から除く。

① シェア住居の分類と特徴

所在地：川崎市中原区	
友人とシェア（地元の学校の同級生）	
賃貸（駅から徒歩12分）	
共同住宅（4階建て）	
間取り：2DK（42㎡）	
全体家賃：85,000円	
契約形態：連盟契約（全員に保証人が必要）	
同居人入れ替え時は、シェア解消と同時に契約解消	
①男性Oh（20代・フリーター）	
②男性Sm（20代・会社員）	

② 男性2人のルームシェア例

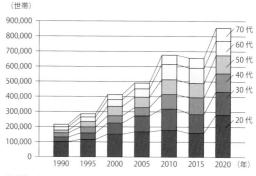

注：国勢調査に、シェア居住に相当する統計は存在しないため、シェア居住の近似値として「非親族世帯」と「間借り×単独世帯」の住宅を合計して集計

③ 年代別によるシェア居住世帯数の変化

2. 若年シェア居住者数の急増

シェア居住をしていると見られる世帯を、国勢調査をもとに集計しますと、1990年には、全世帯の0.7%にあたるおよそ26万世帯でしたが、10年後の2000年には、全世帯の1%のおよそ44万8,000世帯、2010年には、全世帯の1.4%でおよそ73万4,000世帯、2020年には、全世帯の1.7%で94万4,000世帯に増えていました。シェア居住世帯の変化を世代別に見ますと、30年間で20代が276.8%（100,705世帯→278,798世帯）、30代は508.2%（30,185世帯→153,407世帯）と、若い世代が急速に増えていました（③）。

3. シェアハウスの増加理由

シェアハウスの発生要因は、次のとおりです。

a　非既婚者や高齢単身者の増加

b　インターネットの発達によりルームメイトサイトやルームシェア可能物件などのシェアハウス検索サイトの登場と多様化

c　ファミリー向け住宅ストックの余剰（④）

d　海外でのシェア居住経験者の増加

e　個室の独立性が高まってきたことによる住宅様式の近代化など

a〜e以外に、シェアハウスが若年者に注目される理由は、7つのキーワードに分けられます。

〔経済性〕多くのシェアハウスが敷金・礼金がなくデポジット制（入居する際に運営事業者に預ける保証金）を導入できること

〔時間の節約〕HPで入居者と物件探しが可能

〔多様な住まい経験〕3カ月からの契約期間が多く、ライフスタイルで住まいの選択が可能なこと

〔合理性〕家具や家電類が備え付けられた住宅が多数存在すること

〔利便性〕交通アクセスが良い都心に立地することが多く、通勤や通学などに便利であること

〔安心感〕共同生活により防犯面が安心であること

〔楽しさ〕イベント（歓迎会、食事会、パーティーなど）の開催による居住者間の交流できること

以上により、シェアハウスは経済性と合理的な都心居住を求める若年単身者に人気があります。

2 シェアハウスの特徴

1. テーマ別によるシェアハウスの分類

シェアハウスをテーマ別に分類すると、大きく10のタイプになります（⑤）。

a　**福祉型**：知的障害者の暮らし方の選択肢を増やすことを試みたタイプで、実践例は多くありません。健常者のミックスシェアにより、障害者の自立心を育てる効果があります。

b　**建物保存型**：古くなった地主の思い出の家や、ビルを壊さずに改修して再利用します。

c　**地域交流型**：近隣に共用空間の一部を定期的に提供し、地域住民との交流を図ります。

d　**社会貢献型**：経済的に困る若者のために高齢の大家が、自宅で若者と同居し支え合います。

e　**セーフティネット型**：低所得者のみならず、高齢者、ひとり親世帯などを支援します。

f　**地域活性型**：高齢化や空き家に悩む郊外団地において若者向けのルームシェアを導入し、お祭りなどのコミュニティ活動を担います。

g　**社会復帰型**：支援団体が低所得者や生活保護受給者に低家賃で住居を提供し、仕事の疑似体験による社会復帰へのリハビリを支援

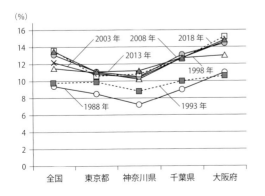

④ 各地域の空き家率

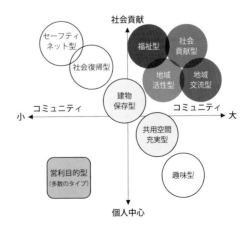

⑤ シェアハウスとコミュニティ関係図

します。

h **共用空間充実型**：居住者間の交流のため、新たに魅力的な娯楽空間などを設けます。

i **趣味型**：野菜栽培、楽器演奏などに興味がある人がハウス内の共同菜園、楽器演習室を通して同じ趣味を持つ居住者たちと楽しめます。

j **営利目的型**：多くのシェアハウスに該当します。居住者比率に対して共同空間の面積が少なく、多くの人が入居している場合は、居住者間の交流や人間関係に大きな影響を及ぼします。特に共用空間を利用しない人は、同じハウスにいても顔と名前も知らない場合が多いです。

1990年代に本格的に登場し始めたシェアハウスは、既存の建物を利活用して単身者の都心居住の需要に対応しています。しかし、シェアハウスの多くは〔営利目的型〕で、その中には劣悪な居住環境が問題になっている事例も多数存在します。近年は、〔福祉型〕〔社会貢献型〕〔地域交流型〕〔地域活性型〕といったタイプが居住者間の交流のみならず近隣や地域との交流促進と社会問題解決に貢献しています。

2. 運営・管理主体別によるシェアハウスの分類

住宅の隙間産業として、シェアハウス市場に参入する専門業者が急激に増加しています。個人大家による運営経営から、専門業者が雑居ビル、会社寮や社宅などを**コンバージョン（用途変更）**するケースまで多様な既存建物がシェアハウスとして使用されています。最近は NPO法人、LLP、財団法人、自治体、独立行政法人など、新たな主体がシェアハウス市場に参入しています（⑥）。

a **個人（大家/入居者）型**：倉庫やお店を借りて入居者自らセルフリノベーションでシェアハウスに転換する事例が増えつつあります。個人大家が賃貸事業するシェアハウスには、住宅の部屋の一部貸出など、一般賃貸市場で取り扱われていなかった不完全な空き家を利用している事例もあります。

b **非営利団体（NPO法人）型**：NPOが高齢になった個人大家の自宅を一括借り上げて、入居者募集、入居者賃貸借契約、住まいの維持管理を行います。

c **有限責任組合（LLP）型**：衰退する郊外団地の空き住戸を所有者から借り上げ、団地住民の力を生かした事業組織 LLPを結成し、地域コミュニティの活性化に寄与します（⑦）。

d **財団法人型**：所有する団地の空き住戸を良好なストックとして活用するため、シェア事業を導入しました。

e **公共団体型**：住宅確保要配慮者が安心して暮らすことができるように、公共住宅やセーフティネットとして登録された住宅で行っています。

f **独立行政法人型**：2004年10月より、UR都市機構がハウスシェアリング制度を実施します。

g **専門企業型**：多くの業者が個人大家（または企業）から物件を購入または一括借り上げ、専門的に経営または管理しています。また、家具、家電、生活備品などが付属しています。本稿では〈ゲストハウス（シェア住居型）〉がこのタイプに該当します（①）。

⑥ シェアハウスと運営・管理主体関係図

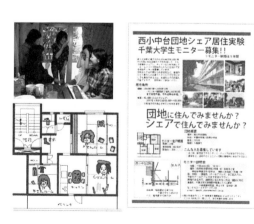

⑦ LLPによる団地内の学生ルームシェア例

3 シェアハウスでの生活実態

1. 入居理由と適正人数（⑧）

　シェアハウスに入居する最も大きな理由は、家賃や生活費が安く抑えられることです。しかし、近年は高家賃でも、好立地で住環境が整っているクオリティの高いシェア居住を望む入居希望者が増えています。またシェアハウスを選ぶ際に、居住者間のパーティーの頻度や広くて豊かな共用空間を重要視する希望者も多く、他人との交流を楽しむリピーターが増えています。

　シェアハウスの入居定員数は、2人から120人まで幅広いものとなっています（①）。その中でも10人以下の小規模シェアハウスでは、食事のシェアやイベントが多く開催され、共用空間を活用して居住者間の交流を育んでいる傾向があります。一方、31人以上の大規模シェアハウスでは、共用空間の広さの限界や設備の不備などによって不満が多く、シェアハウスの適正人数としては居住者間のコミュニケーションがとりやすい10人以下が望ましいようです。

2. 共用空間の利用実態とトラブル

　平日より休日に共用空間での滞在時間が長く、居住者間で食事、おしゃべり、パソコン、テレビ、ビデオ鑑賞などが行われています。食事のシェアは約束事や規制ではなく、自然的に発生したため、気軽に参加しています。また、シェア人数は「3〜5人」が多く、キッチンで料理している居住者から、おすそ分けや食事の誘いなどが行われています。一方で共用空間の掃除など、管理面でのトラブルが起きているのも事実ですが、多くは、居住者間での話し合いや大家への相談などでトラブルを解決しています。

4 シェアハウスの課題と展望

1. 契約方式の改善と間取りの改修

　現在、「代表契約」と「連名契約」の2つの契約方法がありますが、「連名契約」の場合は、同時入居・同時退去を原則としている場合がほとんどです（⑨）。そのため、退去者と新規入居者の入替えを行う際には再契約となり、新たに敷金・礼金などを支払うこともあります。また同居人入替えに対応しても名義変更となり、手数料などの金銭負担をしなければなりません。専門企業型のシェアハウスのような「個別契約方式」の検討が必要です。また、居住者らは各個人のプライバシーを保つため、独立性の高い間取りを希望します。しかし既存住宅の個室間の仕切りは襖の場合が多く、低費用で手軽に防音対策ができる簡易な改修方法の開発が必要です。

2. サポート組織の構築とストック活用型シェア制度への定着

　単身者と地域をつなぎ、クレームなどに対応し、居住者の生活トラブルの対策・対処の役割を担うバックアップサポート組織が不可欠です。また、個人大家が手軽にシェア居住管理を行うためのノウハウの提供や、入居希望者と部屋提供者のマッチングが行える社会的システムの構築が必要です。また、地域内ストックを利活用した居住者の生活支援を含んだソーシャルミックス型シェア制度づくりが必要です。

　今後、日本のシェアハウスは海外のような「若者の仮住まい」に留まらず、多様なテーマ性を持つ「日本特有の単身者住まい」として定着していくと予想されます。

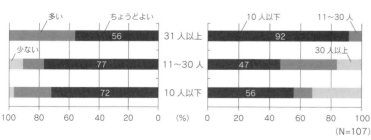

⑧ シェアハウスの規模別によるシェア居住者数の満足度（左）と適正人数（右）

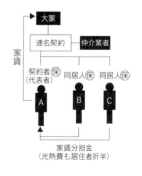

⑨ 現在の契約方式

血縁に依らない家族の住まい
― コレクティブハウジング

◆◆ 学習のねらい ◆◆

従来の「家族」という単位を越えて、血縁関係のない者同士で助け合い、生活の合理化やより豊かな生活を可能にするコレクティブハウジングを学ぶことで、住まいと生活における視野や価値観を広げましょう。

1 コレクティブハウジングとは

日常生活の一部やスペースを共同化・共有化することによって、より合理的で、自由で安心のできる、そして楽しみのある居住形態を、**コレクティブハウジング**と呼びます。プライバシーが確保された独立した住戸のほかに、**コモンスペース**と呼ばれる共用空間があります。

コモンスペースには、居住者が集まって食事をする**コモンダイニング**（①）、居住者がくつろぐための**コモンリビング**（②）。コレクティブハウジングの心臓部ともいわれる、大人数の食事をつくるための**コモンキッチン**（③）があります。ほかに工作室（④）、ゲストルーム、ライブラリーなど用途に合わせて使うことができるものもあります。コモンスペースは、個人の住戸から少しずつ算出された面積でつくられています。屋外にあるコモンガーデンも、コモンスペースの1つです。

コレクティブハウジングの重要な要素として、**コモンミール**があります。コモンミールとは、居住者が集まってする食事のことです。回数やシステムは、各コレクティブハウスによって異なります。当番制で2〜3人がその日のコモンミールの調理、片付けを担当します。ほかの居住者は、開始時間にコモンダイニングへ行くだけで、食事をすることができます。コモンミールによって、**家事の効率化**が図れます。また、コモンミールがあることによって、生活の中で、**自然に居住者間のつながりや出会いが生まれます**。

コレクティブハウジングの管理・運営は、基本的に居住者が行います。予算や活動、日々の生活に関する話し合いは、月に1度の定例会で行われます。居住者は話し合いを通して、互いが気持ち良く過ごせる生活をつくり上げていきます。

① コモンダイニング

② コモンリビング

③ コモンキッチン

④ 工作室

2 スウェーデンにおけるコレクティブ ハウジングの成立過程

1970年代末頃から、集まって住む考えは、ヨーロッパの国々で、ほとんど同時に現れました。その中でも、スウェーデンにおいては、早い時期から、コレクティブハウジングといえるプロジェクトが実現していました（⑤）。

スウェーデンにおける20世紀のコレクティブハウジングは、女性の社会進出により、子どもや家庭のケアに対するニーズが高まったことに端を発します。食事準備、ランドリー、保育サービスを受けることが、コレクティブハウジングの価値とされたのです。1970年代以降には、それまでの家事サービス付きのサービスモデルから、居住者自身が管理・運営を行う、**セルフワークモデル**が

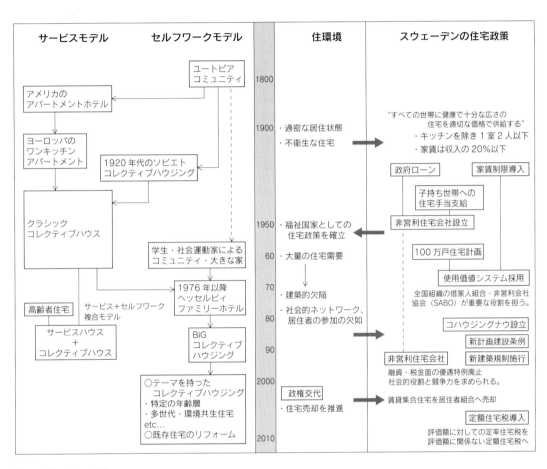

⑤ 歴史的発展の系譜

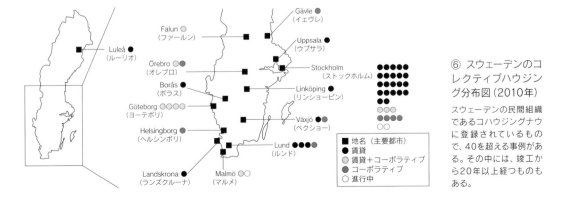

⑥ スウェーデンのコレクティブハウジング分布図（2010年）

スウェーデンの民間組織であるコハウジングナウに登録されているもので、40を超える事例がある。その中には、竣工から20年以上経つものもある。

広まり始めます。女性8人からなるBiG（スウェーデン語で「共に住む」という意）によって、BiGモデルが誕生したのもこの頃でした。彼女たちは、共に住むことについての話し合いを重ね、現代のコレクティブハウジングにつながるBiGモデルを実現させました。1990年代には、"第2の人生"のためのニーズと関心により、40歳以上で子どもと同居していないことが入居条件となったものも出現しました。高齢化によってケアや安全、相互扶助のニーズが高まった結果といえます。

多世代型やシニア型など、その時代のニーズに対応して、様々なコレクティブハウジングが誕生してきたことが分かります（⑥）。

3 コレクティブハウジングでの生活

1. スウェーデンの事例
コレクティブハウス ソードラステーション

ソードラステーションは、ストックホルム南駅のほど近くに建っています。子持ち世帯が多く、63住戸で177人が住んでいます。居住者の半分は未成年です。1階に就学前保育園が入っていること

もあり、常に子どもの声が聞こえる賑やかなコレクティブハウジングです。

コレクティブハウジングとして計画され、建設されたので、コモンスペースの種類や配置がよく考えられています（⑦）。住戸へ行く途中にコモンスペースがあることによって、自然に住民同士のふれあいが生まれています。

コモンミールは、月曜日から木曜日の4回です。1食分の料金は、年齢ごとに細かく設定されています。家族の時間を大切にしたいときや、子どもが小さいためにコモンダイニングで食事ができないときでも、持参したお皿に料理を取り、自宅で食事をすることも可能です。毎回50人ほどが利用しています。大人も子どもも家族の輪を超えて、自由にテーブルを囲み、食事を楽しむ姿が見られます（⑧）。

竣工後、入居住者はソードラステーションでの生活について話し合いを始めました。複数のコレクティブハウジングの見学会を行い、家具の選定やルールづくりを行いました。1987年の竣工当時につくられた運営方法が、20年以上を経ても変わらずに引き継がれています。子育てで忙しい人

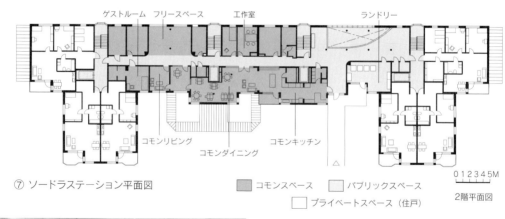

ゲストルーム　フリースペース　工作室　ランドリー

コモンリビング　コモンキッチン
コモンダイニング

0 1 2 3 4 5M

⑦ ソードラステーション平面図　　■ コモンスペース　　□ パブリックスペース

□ プライベートスペース（住戸）

2階平面図

⑧ コモンミールの様子
年に数回、パーティのような賑わいを見せるコモンミールがある。
写真は、ピッピの日で子どもも大人も仮装をして食事を楽しんでいる。

や働き盛りの人、仕事を終えて第2の人生を歩んでいる人など、**多様なライフスタイルの人が共生**しながら続いているコレクティブハウジングです。

2. 日本の事例
コレクティブハウス かんかん森

日本で2003年に**自主運営型コレクティブハウジング**の第1号として誕生したのが、コレクティブハウスかんかん森です（⑨）。12階建ての2、3階部分に位置し、1階には地域に開かれた施設があり、4階以上は高齢者のためのシニアハウスとなっています。コレクティブハウスは28住戸あります。途中、シェア住戸を増やすなどの一部改築が行われましたが、現在では1室がシェア住戸として使われています。シェア住戸を含むことで、幅広い年齢層の居住を可能にしています。

コモンミールは平均して週に2、3回、調理が可能な人が掲示板に書き込み、人数が集まれば行われます。コモンミールの代金は、モリ券と呼ばれるハウス内での金券で支払われます。基本的に現金でのやり取りはされません。そのような

仕組みも、居住者が話し合いで決めたことです。

コモンダイニングに面して、大きなコモンテラスがあり、東にも大きな菜園があります。ガーデニンググループがあり、ハーブや野菜が育てられています。生ごみの堆肥化容器であるコンポストも置かれており、生ごみは肥料となっています。ハウス全体で環境に配慮した生活を送ることで、個人よりも大きな影響力を持つことも、コレクティブハウジングの利点です。

5 コレクティブハウジングのこれから

日本においては"コレクティブハウジング"と呼ばれていますが、海外では**"コハウジング""コラボラティブハウジング"**など、多様な呼び方があります。歩んできた歴史や言語の違い、そして文化や社会政策の違いで、コレクティブハウジングの論じ方もありようも微妙に異なりますが、その根底にあるものは同じです。コレクティブハウジングに住むことによって、より豊かな生活を送ることが可能になるでしょう。

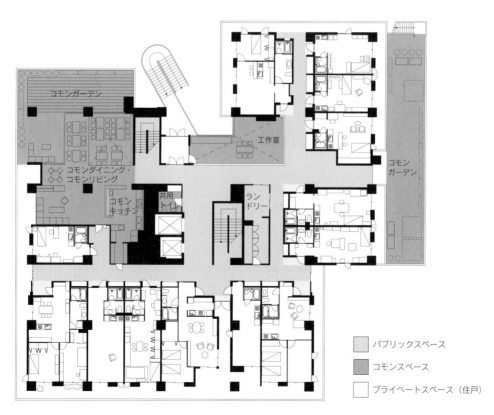

⑨ かんかん森平面図

パブリックスペース

コモンスペース

プライベートスペース（住戸）

6-3　同居・隣居・近居・別居

◆◆ 学習のねらい ◆◆

家族形態やライフスタイルの変化は、これまでとは異なる住要求を生み出しています。1家族1住宅という枠を超えて、家族の居住関係を考えてみましょう。

1 親世帯と子世帯の多様な居住関係

1. 同居から隣居、近居へ

親と子ども家族との居住関係は、**同居**（同じ住宅に住む）、**隣居**（同じ敷地内に住む）、**近居**（近くに住む）、**遠居**（遠く離れて住む）など、様々な形態があります（①、②）。

戦前の日本では、家制度にもとづいた祖父母、夫婦、子どもの3世代同居が一般的でしたが、高度経済成長期にきょうだい数が多く人口規模の大きい世代が都市部で核家族世帯を大量に形成したことや、生活の独立・分離志向を背景として、総世帯数に占める3世代同居の割合は減少しました。高齢期における子との住まい方については、同居希望は減少し、適度な距離を置く隣居や近居が志向されています（②）。また、互いの居住関係にこだわらない世帯も多く見られます。

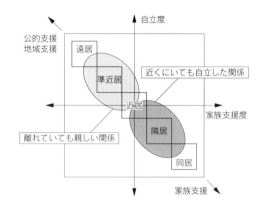

① 高齢者の自立度、子世帯の親への支援度と親子の居住関係

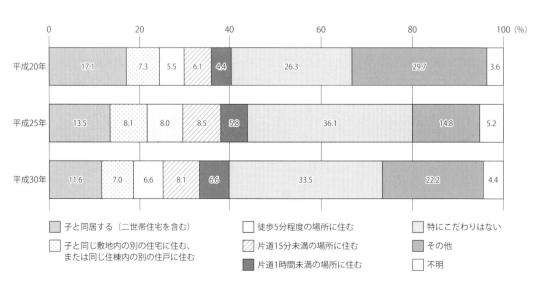

② 高齢期における子との住まい方（距離）の希望

　また、家制度を引き継いだ伝統的規範は薄れつつあり、生活の様々な場面での協力や交流が期待されています（③）。そのため、娘家族との居住関係が重視され、また子どもの結婚と同時に同居するよりも、子世帯の子育て期、親世帯の介護期など援助・交流が必要となる時期に、別居から近居へ、近居から同居へと居住距離を変化させる例も見られます。親子両世帯の居住関係は、ライフステージに合わせて、誰と、いつ、同居・隣居・近居するかを選択するものとなってきているといえるでしょう。

　親が配偶者を亡くしてから、あるいは介護が必要になってから子世帯と同居や隣居、近居を始めるスタイルは、高齢者の居住地移動を増加させる要因となっています。地方の高齢者が都市部の子どものもとに呼び寄せられる「呼び寄せ高齢者」が社会問題化しました。

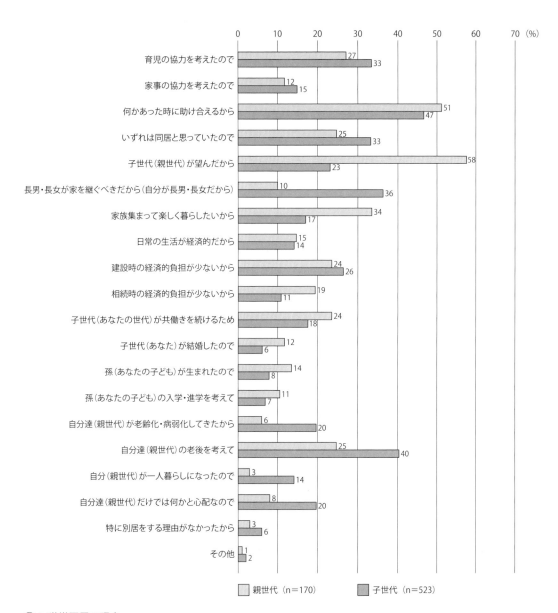

③ 二世帯同居の理由

二世帯同居している親世帯、子世帯（既婚者）回答（2018年、2019年調査）
選択肢の（　）内は子世代調査の場合

2. 同居・隣居・近居と住宅計画

　同居から隣居、近居への志向を背景として、公営住宅や公団住宅（現在のUR賃貸住宅）では親子ペア住宅の供給（④）や、近居のための親世帯（高齢世帯）または子世帯の優先入居などの試みがなされました。また、近年では子育てや介護を世代間で支え合うことができる環境づくりや、定住人口増加のために自治体が同居や近居を支援する例も見られます。

　1980年代から定着してきた2世帯住宅は、生活のすべてを共にするようなものから完全に分離するものまで、内部空間の分離と共用ゾーンに多様なバリエーションが提案されています（⑤）。親世帯と子世帯の生活時間の違いや家計の独立性、親世帯の生活の自立度、親子関係（息子夫婦と娘夫婦のどちらと同居するか）などにより、2世帯住宅の住まい方も異なります。

　また、住宅地の計画では、同規模の戸建て持家住宅だけを建設すると、親世帯または子世帯が近くに移り住みたくなっても、住宅地内に賃貸住宅がないため、移り住むことが難しくなります。親子両世帯の多様な居住関係や居住関係の変化に柔軟に対応するためには、地域内に小規模住宅と大規模住宅、持家と借家など住戸規模や所有形態の異なる多様な住宅ストックが用意されていることが必要です。

2 ネットワーク居住

　先に述べた親世帯と子世帯の別居志向に限らず、今日では、単身赴任や単身世帯の増加、家族形態の多様化が進み、家族が小規模世帯に分散して居住する現象が進んでいます（⑥）。

　しかし、分散しながらも家族であると意識する範囲は同居家族の範囲より広く（⑦）、分散居住する家族同士で日常生活の援助や精神的な交流を行っています。また、自分の住宅で満たすことができない機能をほかの住宅の空間利用で満たすなど、分散する複数の住居を利用しながら生活要求を満たしている実態があります。

2階

1階　■ 親世帯ゾーン　□ 子世帯ゾーン　□ 共用ゾーン

④ 親子ペア住宅の例

（メゾン豊ヶ丘、東京都多摩市、住宅・都市整備公団）
標準世帯用住戸に小型住戸を隣接させて、2世帯住宅として計画した例。各々が独立した玄関と水回りを持ち、住戸内でつながっている。

⑤ 2世帯住宅の例

親世帯、子世帯が家事・育児を協力しやすいように生活スペースを共用するプラン。2階のランドリーセンターは、親世帯が子世帯の洗濯を手伝いやすいようにする提案。

　これまで、１家族は１住宅に住むことを前提として、住宅の役割や機能が考えられてきました。しかし、ひとつの住宅や世帯を見るだけでは、このような家族の分散居住と複数住宅利用により生活要求を満たす居住関係網の実態は見えてきません。そこで、分散居住する家族が各住宅間でネットワークを形成し、全体として家族と住居の機能を果たす居住システム（ネットワーク居住）という新しい概念が提起されました（⑧）。**ネットワーク居住**の捉え方は、家族と住まいの関係や１戸１戸の住宅の機能を考え直すきっかけとなり、家族と住まいの議論に大きな示唆を与えています。

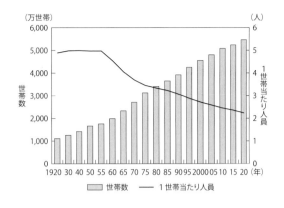

⑥ 普通世帯の世帯数と１世帯当たり人員の推移

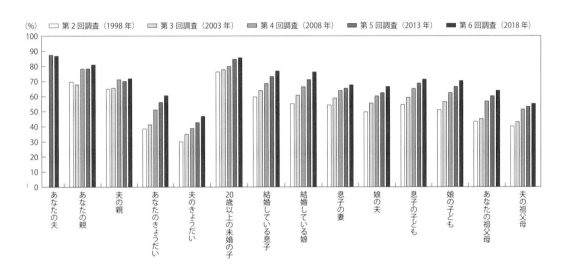

⑦ 家族の範囲「同居・別居にかかわらず家族である」の割合
いずれも有配偶の妻が回答。「あなたの夫」は第５回、第６回調査のみ。

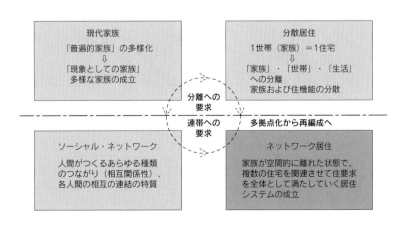

⑧ ネットワーク居住の概念図

障害のある人を配慮した住環境整備

◆◆ 学習のねらい ◆◆

心身に障害が生じたとしても、住まいの環境整備を行うことによって、自宅での居住継続や生活の質の確保は実現できます。そのための基本的な考え方や具体的な方法を学び、その意義を理解しましょう。

1 障害の「社会モデル」

2006年、国連総会において「障害者の権利に関する条約（以下、障害者権利条約）」が採択されました。これは、障害者のあらゆる人権や基本的自由の完全な実現、差別の撤廃、完全な社会参加などを目的としていますが、その中心的な考え方に「障害の社会モデル」があります。障害の捉え方について、それまでは「障害とはその人個人の問題であり、努力して解決しなければならない」とする「障害の医学モデル」が一般的でした。これに対し「障害の社会モデル」では、障害者が困難に直面するのは「社会が障壁（障害）を作っている」からであり、その困難を解消する責任は社会にあると考えます。たとえば、段差のために車椅子ユーザーには住むことができない住宅がある場合、「障害の社会モデル」の視点に立てば、スロープやエレベーターなどで段差を解消すること、あるいはそもそも段差の無いような設計とすることは、社会の責任なのです。日本では、障害者権利条約を批准するために、その後様々な法整備がなされ、2013年には「障害者差別解消法」などの法律も制定されました。これらの法律の中にも、「障害の社会モデル」の考え方は貫かれています。

現実には、障害のある人が自由に住まいを選ぶことができる状況には、残念ながらほど遠いと言わざるを得ません。住宅を計画する際には、障害のある住み手を排除しないよう細心の注意を払う必要があるとともに、改修などによって様々な状態の住み手が利用できるよう、十分な知識を取得しておくことが重要です。

2 住環境整備が必要となる場面

私たちが人生の中で障害に直面することは、様々な場面であり得ます。たとえば高齢期を迎え、加齢により身体機能が低下すると、誰でもが障害のある状態に近づきます。また、日本人の死因の第4位である脳血管障害（脳卒中）は、腕や足に麻痺を生じさせることがあり、場合によっては車椅子が必要となることもあります。

脳血管障害は、多くの場合高血圧や動脈硬化など、生活習慣によって発生する病気であり、高齢化と深くかかわりがあります。他方で、脳性麻痺のように、生まれたときに発生する病気によって、障害のある状態になることもあります。なお、脳性麻痺とは運動困難と筋肉のこわばりを特徴とする症候群で、出生前や出生直後に起こり、乳児1,000人のうち1〜2人に起こるとされています。

加えて、事故などによって障害のある状態になることもあります。たとえば脊髄損傷とは、脊椎（背骨）に大きな外力が加わることなどにより、その中にある脊髄が損傷することですが、これにより運動麻痺や感覚障害などが生じます。最近の調査では、年間で100万人あたり49人が発症し、原因は平地での転倒が約4割、交通事故が約2割となっています。

このように、私たちは様々な理由で、「普通の」身体機能を維持できない状況になる可能性があります。そのような場合でも、住環境を適切に整備することによって、発生する「障害」を最小限にすることができます。以下、そのための具体的な方法を紹介します。

3 住環境整備の具体例

1. 住宅改修による住環境整備

　住環境整備の必要な人が障害者手帳を持っていたり、介護保険の要介護認定者であったりする場合、前者の場合は障害者総合支援法による「日常生活用具給付等事業」の「居宅生活動作補助用具（住宅改修費）」という制度、後者の場合は介護保険による「住宅改修費」という制度を使い、住宅改修を行うことができます。いずれの場合も、原則として20万円までの部分を対象として支給されます（支給率は原則9割）。ここでは、介護保険の住宅改修で行われることの多い「段差解消」と「手すりの取り付け」について説明します。

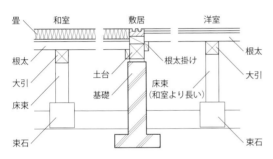

① 束の長さの調整による段差の解消

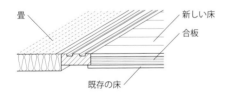

② 合板などのかさ上げによる段差の解消

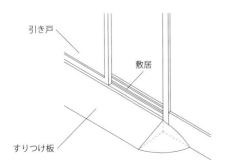

③ すりつけ板の設置による段差の解消

　なんらかの理由で下肢機能や視機能が低下すると、わずかな段差につまずいて転倒することが多くなります。室内で特に問題になるのが、和室と洋室との間の段差です。一般的に、畳床とフローリング床との厚さが異なるため、和室の床面は洋室の床面より10〜40mm程度高くなっています。この段差を解消するには、新築の場合は、洋室部分の床束（床下で束石の上で大引きを支える部材）を和室部分の床束より長くして、床面の高さを洋室・和室で同じ高さとする（①）ことができますが、改修では容易ではありません。改修の場合は、既存の洋室の床の上に合板などを敷き和室と高さをそろえる（②）、あるいは和室と洋室の間に「すりつけ板」を設置して、簡易的に段差を解消することなどが現実的です（③）。

　下肢の力が弱くなると、体を支えることが難しくなり、歩行時や立ち上がり動作時にバランスを崩すことがあります。手すりは、移動や立ち上がりの際に上肢の力を使って体を安定させることができ、ふらつきをおさえ転倒を防止するためには非常に有効です。住宅に手すりを設置する場合、壁（石膏ボード）に直接木ネジなどで取り付けても、つかまる人の体重を支えることができません。石膏ボードの裏側に合板の受け材を取り付け下地を補強したうえで、手すりを取り付ける必要があります（④）。住宅を新築する際、あらかじめ手すりが必要になりそうな部分に下地を取り付けておくことも有効です。

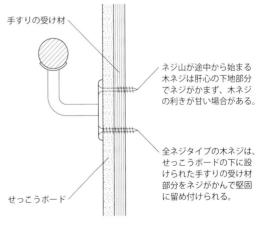

④ 手すりの取り付け方法

2. 介助用リフトを用いた住環境整備

　座位が保てないなどの理由で、自分では車椅子の乗り降りや移動ができない人の場合、ベッドから車椅子への移乗や入浴動作に介助が必要となります。これらの介助は介助者の負担が大きく、腰痛発生の大きな原因ともなります。このような場合、介助用のリフトの設置により介助負担を軽減させ、また安全に介助を行うことができるようになります。

　⑤は、脳性麻痺による四肢麻痺のある子ども（女性）のいる家庭で、賃貸住宅の1階から新築住宅に転居した事例です。転居前は、入浴の際は母親（平日）または父親（土日）が子どもを抱き上げ、寝室から浴室まで移動していました。転居後は介助用リフトで寝室から浴室まで移動できるようになり、介助負担が大幅に軽減されたため、入浴介助はすべて母親が行えるようになりました。異性介助である入浴介助に違和感を覚えていた父親は、入浴介助をしない代わりに晩御飯の支度などこれまで以上に家事に協力的になったとのことで、家族全体のQOLが改善しています。

転居前平面図

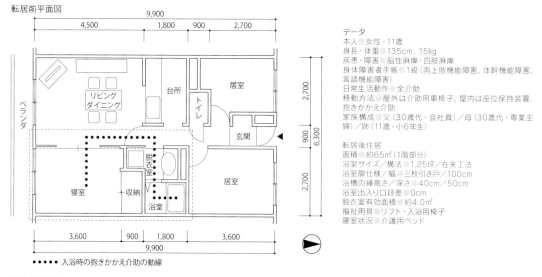

データ
本人●女性・11歳
身長・体重●135cm、15kg
疾患・障害●脳性麻痺・四肢麻痺
身体障害者手帳●1級（両上肢機能障害、体幹機能障害、言語機能障害）
日常生活動作●全介助
移動方法●屋外は介助用車椅子、屋内は座位保持装置、抱きかかえ介助
家族構成●父（30歳代・会社員）／母（30歳代・専業主婦）／姉（11歳・小6年生）

転居後住居
面積●約65㎡（1階部分）
浴室サイズ／構法●1.25坪／在来工法
浴室扉仕様／幅●三枚引き戸／100cm
浴槽の縁高さ／深さ●40cm／50cm
浴室出入り口段差●0cm
脱衣室有効面積●約4.0㎡
福祉用具●リフト・入浴用椅子
寝室状況●介護用ベッド

•••••• 入浴時の抱きかかえ介助の動線

転居後平面図

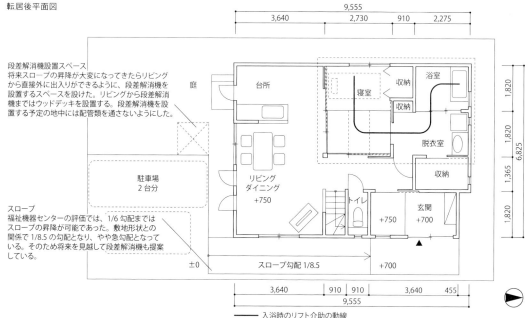

段差解消機設置スペース
将来スロープの昇降が大変になってきたらリビングから直接外に出入りができるように、段差解消機を設置するスペースを設けた。リビングから段差解消機まではウッドデッキを設置する。段差解消機を設置する予定の地中には配管類を通さないようにした。

スロープ
福祉機器センターの評価では、1/6勾配まではスロープの昇降が可能であった。敷地形状との関係で1/8.5の勾配となり、やや急勾配となっている。そのため将来を見越して段差解消機も提案している。

—— 入浴時のリフト介助の動線

⑤ 新築住宅に転居することで抱きかかえ介助から
リフト介助に転換した事例（1:150）

3. 家族のプライバシーに配慮した住環境整備

車椅子の乗り降りや入浴などに加え、移動や食事、排泄など、日常生活動作の多くの部分に介助が必要な人もいます。そのような場合、これまでは家族による介助を受けながらの生活が多く見られてきましたが、地域の中で自立した生活を送ろうとする場合、家族ではなく介助者（ヘルパー）の介助によって生活することが求められます。また、家族と共に暮らす人であっても、障害者総合支援法や介護保険にもとづくヘルパーを利用し、介助を家族に頼らない人も増えてきています。この際に問題となるのが、住宅というプライベートな空間に外部の介助者が入ることによって、家族のプライバシーを守ることが難しい、ということです。また、多くの介助者が出入りする場合、玄関と介助を必要とする人の居場所が遠いと、防犯的な問題も生じます。

⑥は、このような介助者の存在による課題を前提として、設計された住宅です。住み手は、日常生活動作のほとんどに介助を必要とする車椅子使用者の夫と、その妻です。外部に駐車場と2階・3階に上がる階段、内部にはエレベーターと1階から地下に向かう階段だけが置かれ、2階がメインの生活空間、3階が妻の生活空間であり、地下は将来事務所スペースとして活用することが想定されています。2階には多くの介助者が何度も出入りするため、玄関が設けられています。これにより、2階に夫が1人でいるときでも、介助者の来訪や帰宅を確認することができます（⑦）。3階はメインの生活空間とは切り離され、介助者の入ることのない、プライバシーを保つことができる空間となっています。

3階

2階

1階

地階

⑥ 介助者の動きと家族のプライバシーに配慮した住宅（1:200）

データ（西早稲田の家）
構造・階数●鉄骨造・地上3階、地下1階
敷地面積●66.0㎡
建築面積●36.0㎡
延床面積●121.2㎡
所在地●東京都新宿区
設計・監理●BASSTRONAUTS、早稲田大学石山研究室
竣工年●2001年12月

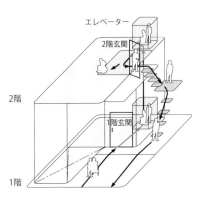

⑦ 介助者の動線の考え方

障害のある人の共同の住まい

◆◆ 学習のねらい ◆◆

2000年頃までは、重い障害のある人は大規模な施設で暮らすことが当たり前とされていましたが、近年は大きく変わりつつあります。グループホームや施設、それ以外の住まいについて、どのように変わりつつあるのか考えてみましょう。

1 障害者の住まいの概要

1. 障害者の住まいを取り巻く状況

障害者の住環境に関する諸制度は、2005年の障害者自立支援法（2012年障害者総合支援法に改正。以下「支援法」）成立前後で大きな変化がありました。それまでは障害種別によってそれぞれ法律と施設が定められ、また施設の多くは療護施設や更生施設など、4人部屋を基本とした大規模なものでした。支援法では障害種別ごとの垣根が取り払われ、施設は重度の障害者を対象とした障害者支援施設（制度上は夜間に「施設入所支援」と呼ばれるサービスを行う施設）と、個室を基本とした小規模な**グループホーム**、**福祉ホーム**に整理されました（①）。また国の「施設から地域へ」との方針のもと、障害者は原則として入所施設からグループホームに移行することが目指されています。

2. 障害者の住まいの課題

支援法に移行してから、グループホームの入居者数は順調に増加し続け、2020年には入所施設の入居者数を上回りました（②）。他方で、入所施設の入居者数は漸減にとどまっており、約12万4千人の人が入居しています（2023年7月時点）。これは、グループホームの主な利用者は障害の程度が中軽度の人であり、重度の障害のあ

支援法以前の施設	居室定員	施設規模
身体障害者療護施設	4人以下	30人以上
身体障害者更生施設	4人以下	30人以上
身体障害者入所授産施設	4人以下	30人以上
身体障害者福祉ホーム	原則個室	5人以上
知的障害者更生施設	標準4人	30人以上
知的障害者入所授産施設	標準4人	30人以上
知的障害者通勤寮	標準2〜4人	20人以上
知的障害者福祉ホーム	無し	10人以上
知的障害者グループホーム	原則個室	4〜7人
精神障害者入所授産施設	2人以下	30人以上
精神障害者生活訓練施設	2人以下	20人以上
福祉ホーム	原則個室	10人以上
精神障害者グループホーム	2人以下	5〜6人

支援法にもとづく施設	居室定員	施設規模
障害者支援施設（施設入所支援）	4人以下	30人以上
グループホーム（共同生活援助）	原則個室	2〜10人
福祉ホーム	原則個室	5人以上

① 支援法前後での障害者施設の違い

支援法以前は、身体・知的・精神障害それぞれに施設があったが、支援法によって一本化された。

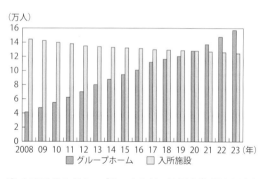

② 入所施設とグループホームなどの入居者数（2023年）

③ 車椅子でも利用できるトイレ（左）と浴室リフト（右）

身体障害のある人々の住まいには、写真のような十分な広さを持ったトイレや、リフト付き浴室が必須の場合がある。

る人々はグループホームに移ることができず、依然として入所施設で暮らしているからだと考えられます。重度の障害のある人、特に日常動作に介助が必要な人がグループホームで暮らすには、十分な広さや設備を備えたトイレ・浴室が求められますが（③）、未だそのようなグループホームは少ないのが現状です。

2 様々な住まいのかたち

1. 入所施設の変化

これまでの入所施設は、4人部屋でのプライバシーの欠如や、一斉での入浴や食事などの集団処遇の問題が指摘されてきました。しかし、医療

的ケアや24時間の手厚いケアなど、特に最重度の障害者にとって重要な要素を提供していることも事実です。そのようなニーズに応え、住まいとしての質を十分に保った施設も近年見られるようになりました。ここで鍵となるのが「**個室**」と「**ユニット化**」です。これらは現在、高齢者施設ではほぼ当然のものとして受け入れられていますが、障害者施設ではこれまでほとんど取り入れられてきませんでした。

蓮田太陽の里「大地」は、そのような個室ユニット型の入所施設の先駆的事例です。ここでは個室ユニット型の構成（④）を前提とするだけでなく、「生きる」ことに欠かせない「食」の質を、最大限に高めることが目指されています。朝・昼・晩

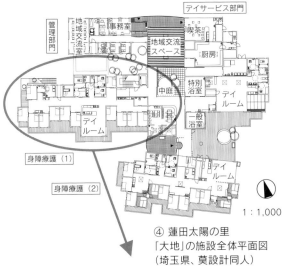

④ 蓮田太陽の里
「大地」の施設全体平面図
（埼玉県、莫設計同人）

⑤ ユニット内のキッチン
食事を用意する際のにおいが共用部に満ち、入居者の五感を刺激することも意図されている。

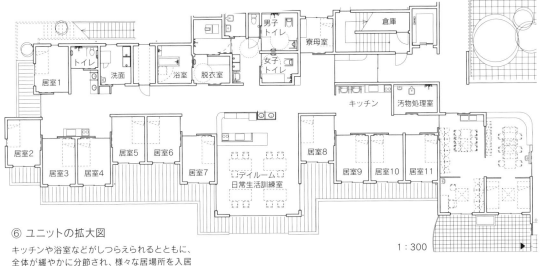

⑥ ユニットの拡大図
キッチンや浴室などがしつらえられるとともに、全体が緩やかに分節され、様々な居場所を入居者に与えている。

1：300

の調理・食事・片付けのすべては、スタッフによってユニット内で行われます（⑤⑥）。食事時になると煮炊きの「におい」が共用部に満ち、入居者の五感を自然に刺激しています。浴室も個浴（1人用の浴槽）がユニットごとに設けられ、個人のプライバシーを尊重した構成となっています。このような**個室ユニット型**の構成は、今後の入所施設には欠かせないものになるでしょう。

2. 重度障害者の住まい

すでに述べたとおり、支援法にもとづくグループホームでは、重度の障害者が暮らしていくことは極めて困難です。

他方、東京都では、グループホーム内でヘルパーを利用することができる「重度身体障害者グループホーム」事業を2001年から開始しました。その一例として、重度身体障害者グループホームやじろべえを紹介します。

このグループホームの入居者は全員が車椅子利用者で、知的障害との重複もある重度障害者です。このような人々が生活するため、広い脱衣・浴室やトイレ、そしてエレベータが設けられました。また、スタッフが調理や片付けなどをしながら入居者を見守れるよう、リビングダイニングとキッチンはひとつながりの空間として計画されています（⑦）。

日中を作業所などで過ごした入居者は、グループホームに帰宅するとヘルパーの介助を受けながら食事や入浴を行い（⑧）、それ以外の時間は思い思いに過ごしています。このように、十分な人的支援と建築的な配慮があれば、極めて重い障害のある人々でも地域で暮らすことは十分に可能なのです。

3. 障害のある人とない人が共に暮らす

従来のグループホームや入所施設は、障害者だけが暮らす場所でした。しかし、障害のあるなしにかかわらず、家庭的な雰囲気で他人と暮らす

⑦ 重度身体障害者グループホームやじろべえの平面図（東京都、飯野建築工房）
1階にはリビングダイニング、キッチン、浴室がコンパクトに配置され、2階には4つの居室がある。

⑧ リビングダイニングでの食事風景
リビングダイニングとキッチンは一体的につくられているので、スタッフは作業をしながら入居者を見守ることができる。

⑨ ぱれっとの家いこっと平面図（東京都、トムコ設計）
1階には共用のリビングダイニングと居室が1室、2階と3階には居室と共用のシャワールームが置かれている。1階の居室は足腰の弱い人の利用を想定している。

ことのできる住まいが「ぱれっとの家 いこっと」（⑨、以下「いこっと」）です。

いこっとは、約40年間にわたり障害のあるなしにかかわらず誰もが地域で暮らすための活動を行ってきたNPO法人が設立しました。この建物を計画するにあたっては、事前に障害者本人や家族、スタッフ、ボランティア、学生、設計士などによってワークショップが行われ、結果として入居者1人ひとりが個室を持ち、共用のキッチンとリビングを持つ構成が採用されました（⑩）。

いこっとでは、入居者同士のコミュニケーションを大切にし自分たちで住まい方をつくってゆくことが、ミッションとして掲げられています。このように、住み手がゆるやかにつながる住まいのかたちは、障害者・健常者問わず今後、必要とされてくるでしょう。

4. ノルウェーの事例

最後に、「福祉先進国」といわれる北欧諸国の中から、ノルウェーの事例を紹介します。

シュトネヘーゲンと名づけられたこの知的障害者のための住まいは、すべての入居者が専用の入り口を持ち、そこから玄関ホールを経由してリビングダイニングにアクセスします（⑪）。入居者は独立したリビングとダイニング、キッチン、加えて寝室と水回りを持ち、個人の空間で独立した生活を営むことができます（⑫）。また中央には、共用のリビングダイニングとキッチン、そしてスタッフルームが置かれています。

この住宅は**コレクティブハウジング**と呼ばれるスタイルで、「居室」ではなく個人の「住戸」が集まったものといえます。それぞれの住戸はプライベートな寝室や水回りと、お客さんも呼ぶことのできるリビングダイニングの2部屋からなり、プライバシーを十分に確保することができます。

ここで目指されているのは、障害者であろうが個人の独立した「家」が尊重されなければならない、ということでしょう。また巧みに共用部分やスタッフ室を組み合わせることで、入居者は生活の独立性を保ったうえで、共同での生活を選択することもできます。日本とは福祉制度や住宅事情など多くの点で異なるノルウェーですが、このような住まいのあり方は日本でも今後、求められていくでしょう。

⑩ ぱれっとの家 いこっと
リビングダイニング（左）と居室（右）

⑪ シュトネヘーゲン平面図
それぞれの住戸はベッドルーム＋水回りと、リビングダイニング＋キッチンの2部屋で構成されている。

⑫ シュトネヘーゲン リビングダイニングからキッチンへ

入居者の好みによって家具やしつらえが整えられ、まさに「家」としての性格を備えている。

高齢者や生活困窮者の住まいの全体像

◆◆ 学習のねらい ◆◆

超高齢社会や格差社会、単身社会が進行し、人々の生活や住まいに変化が生じています。高齢者や生活困窮者の住まいを支える法制度と、目指す社会像について理解を深めましょう。

1 身体機能の変化と環境

1. 環境とICF

高齢者とは65歳以上の人を指し、65〜74歳までを**前期高齢者**、75歳以上を**後期高齢者**と呼びます。歳を重ねて身体機能が低下すると、できていたことができなくなるという経験が増えます。「集合住宅の4階まで階段を昇り降りするのがつらくなり、家に閉じこもりがちになる」などが典型例です。この問題はエレベーターを設置することで解決できそうです。住環境が不適切であるがゆえに問題が生じたり、逆に、住環境に手を加えることで状況が改善する可能性があるという視点を持つことが大切です。「2-6 住まいの安全と健康」で紹介したICFにおける環境の考え方を思い出して下さい。身近な事例を出しあって、考えてみて下さい。

2. 能力と環境圧力

通常、私たちは身の回りの環境を特に意識することなく生活していますが、身体機能が低下すると、人間と環境の適応状態が崩れます。このことを理解するうえで有効な理論に、高齢者の能力と環境圧力に関するモデルがあります（①）。身体能力が低下すれば、それに合わせた環境を用意しなければなりません。図が示すところの安楽を得られる状態と能力を発揮できる状態の双方を、暮らしの中に用意することが大事です。

このモデルは、広く人間一般に適用することもできます。子どもにとって家庭は安楽を得られる場であり、学校は能力を発揮し学びを重ねていく場です。高齢者と接する場合も、ただ一方的に守るのではなく、高齢者の意欲を引き出す環境とは何かを考えてみましょう。

3. バリアフリーとユニバーサルデザイン

バリアフリーとは、障害者の社会参加を妨げている物理的障壁や社会的障壁の除去を指します。健常者を念頭につくられた環境、たとえばエスカレーターやエレベーターのない駅は障害者や高齢者にとっては物理的障壁です。バリアフリーの考え方は1970年代から日本でも広まり、各自治体で福祉のまちづくり条例などができました。公共建築や都市環境に対して用いられてきた言葉ですが、昨今では、住宅のバリアフリー化というように住居に対しても用います。

ユニバーサルデザインとは、健常者向けや障害者向けなど対象を分離した環境設定に疑問を呈し、誰にとっても使いやすいデザインを採用す

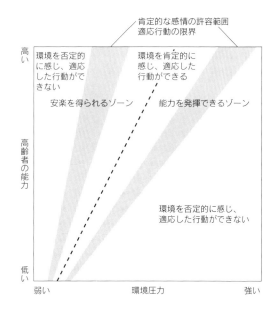

① 高齢者の能力と環境圧力のモデル

Lawtonによるモデル。強すぎる環境圧力はもちろん、弱すぎる環境圧力も好ましくないことが理解できる。能力が変化すれば、適切な環境圧力も変化する。

ることで、すべての人が暮らしやすい環境を整えようとする考えです。1980年代にアメリカで始まり、その中心的役割を果たしたのがロナルド・メイスです。彼とその仲間が提案したユニバーサルデザインの7原則は広く知られています（②）。これらの取組みを経て、日本では2006年に、高齢者、障害者等の移動の円滑化の促進に関する法律（通称「バリアフリー法」）が制定されています。

2 セーフティネットとしての住まい

1. 住宅の所有形態

住宅は生活の基盤であると同時に、多くの支出を伴うものとなっています。日本では住宅ローンを利用して持ち家を取得することが奨励され、制度もそのようにつくられてきました。世帯全体の持家率は約60%で、ここ20年大きく変わっていません。高齢者のいる世帯の持ち家率は高く、なかでも高齢夫婦のみ世帯の持ち家率は85%を超えています。一方、高齢単身世帯の持ち家率は66%と低く、借家にも多くが暮らしています（③）。

借家は公営住宅、UR・公社住宅、民営借家、給与住宅の4つに分かれます。公営住宅は所得に応じた家賃のため低廉ですが、供給戸数は多くありません。借家の大半を占めるのは民営借家で、家賃は全国平均で6.2万円です。東京などの大都市の家賃がさらに高いことは、皆さんもご存じでしょう。非正規雇用の拡大、単身社会の進行に伴い、家賃負担が重く、生活が苦しい世帯が増え続けると見込まれています（④）。

2. 住まいのセーフティネットの関連法規

セーフティネットとは網の目のように対策を講じることで、人々に安心や安全を提供する制度や仕組みを指します。具体的な社会保障制度には年金、医療、介護、障害者福祉、生活保護、子育て支援の6つがありますが、近年、住まいが不安定な層が急増しており、住宅を社会保障制度に位置づける必要性が指摘されています。自然災害によって住宅を失った人々やネットカフェに寝泊まりしている人々にも住まいのセーフティネットは必要です。関連する法制度を見てみましょう（⑤）。

・住生活基本法

住生活の安定確保と質向上に関連する施策の基本理念を定めた法律です。同法には4つの基本理念があり、その1つに低額所得者・高齢者等の居住の安定確保が謳われています。

・住宅セーフティネット法

住生活基本法の基本理念に則り、**住宅確保要配慮者**（低額所得者・高齢者等）に対する賃貸住宅の供給促進に関する基本方針を定めた法律で

1	公平性	誰でも使えて手に入れることができる
2	自由度	柔軟に使用できる
3	単純性	使い方が簡単に分かる
4	分かりやすさ	使う人に必要な情報が簡単に分かる
5	安全性	間違えても重大な結果にならない
6	省体力	少ない力で効率的に、楽に使える
7	スペースの確保	使う時に適当な広さがある

② ユニバーサルデザインの7原則

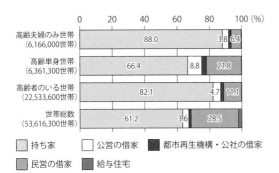

③ 世帯類型別に見た住宅の所有形態（2018）

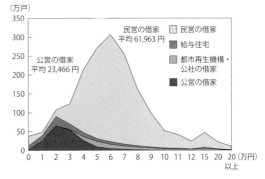

④ 借家の家賃分布（2018）

す。空き家等の住宅ストック活用を目途に、2017年に改正され、(1)住宅確保要配慮者の入居を拒まない民間賃貸住宅（**セーフティネット住宅**）の登録制度、(2)登録住宅の改修や入居者への経済的な支援、(3)住宅確保要配慮者に対する入居支援の3点から**居住支援**を進めています。

・高齢者住まい法

高齢者の居住の安定確保を図ることを目途に制定された法律です。2011年の法改正では在宅医療や介護保険の在宅サービスと連携した**サービス付き高齢者向け住宅**が制度化されました。

3. 居住保障という考え方

社会保障に住まいを位置づけようとする思想から生まれた言葉が居住保障です。居住保障は住宅供給と居住支援から構成されます。住宅供給とは一定の質と手頃な費用負担の住宅を市場に供給することです。手頃な費用負担には、持ち家を購入する際の税制優遇措置、公営住宅の整備、セーフティネット住宅の供給などを含みます。居住支援とは、住宅供給が一定程度実現されているにもかかわらず、緊急連絡先がない、孤独死の恐れがある、家賃滞納リスクが高いなどの理由で賃貸住宅を借りることが難しい住宅確保要配慮者に対して、住宅と福祉にかかわる関係者が連携して大家の不安軽減に努めながら、本人の住宅確保とその後の居住を支えることを指します（⑥）。

3 高齢社会や格差社会と社会保障制度

1. 介護保険制度

家族は多様化し、年老いた親と同居する3世代家族は標準ではなくなりました。専業主婦は減り、多くの女性が働いています。こういった事情を背景に、高齢者の介護を社会全体で支え合う仕組みとして登場したのが、2000年に開始された**介護保険制度**です（⑦）。多くの要介護高齢者は訪問介護やデイサービスを利用しながら住み慣れた自宅で暮らしますが、特別養護老人ホームや認知症高齢者グループホーム、有料老人ホーム等の介護が付いた住まいに転居する人もいます。

2. 生活保護法

生活保護法とは、生活に困窮するすべての国民に対し、困窮の程度に応じ、必要な保護を行い、最低限度の生活を保障するとともに、自立を

住生活基本法（2006年）
国民の住生活の質の向上を目指した法律。直近では2021年の閣議決定で、2030年までの国の計画が策定された。
住宅セーフティネット法（2007年）
正式名称は「住宅確保要配慮者に対する賃貸住宅の供給の促進に関する法律」。2017年に改正され、居住支援対策が強化された。
高齢者住まい法（2001年）
正式名称は「高齢者の居住の安定確保に関する法律」。2011年に改正され、サービス付き高齢者向け住宅の登録制度が創設された。

⑤ 住まいのセーフティネットの関連法規

⑥ 居住保障の考え方

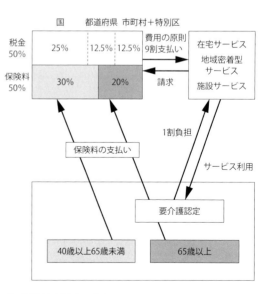

⑦ 介護保険制度の仕組み

40歳以上が支払う介護保険料と国庫負担で構成されている。サービス利用に関しては、原則1割の自己負担がある。月額の保険料は約6,000円（2021年）。

助長することを目的とした制度です。受給が決定すると、健康で文化的な最低限度の生活に必要な金額が扶助費として支給されます。住宅にかかわる費用は住宅扶助費と呼ばれます。人口の1.6%、約200万人が生活保護を受給しており、その半数は高齢者世帯です。

3. 生活困窮者自立支援法

生活保護を受給する手前の自立支援策として2013年に制定された法律が生活困窮者自立支援法です。相談のほか、家計改善、就労支援、子どもの学習支援なども併せて実施されます。住宅にかかわる事業としては住居確保給付金があり、コロナ禍において、家賃や住宅ローンを払えないなどの事情により利用者が急増しました。このほか2024年度より、住まい支援がモデル化事業として開始されます。

4 特別な住まいの全体像

1. 住まいとは

高齢者や生活困窮者が暮らす住居の選択肢の1つとして施設と呼ばれるところがあります。その際に大事なことは、そこが「住まい」となっているかどうかです。移り住んだ施設で前向きに生活を送ることで、施設が「住まい」になることもあります。これとは逆に、同居する家族が高齢者とのかかわりを放棄し、「住まい」であったはずの自宅が、そうでなくなるケースもあります。

2. 高齢期の特別な住まい

高齢期の特別な住まいには住宅系サービスと施設系サービスがあります(⑧)。

住宅系サービスとは、自宅で暮らすことに不安があるものの、施設ほどのサービスは必要としない軽中度者向けの住まいです。住まい機能とケア機能は分離されており、居住者は必要に応じて訪問介護やデイサービスといった在宅サービスを活用して暮らします。基本サービス(安否確認、見守りなど)は建物内に付帯されています。多くの場合、食事サービスがオプションとして用意されています。代表例はサービス付き高齢者向け住宅やシルバーハウジングで、高齢者人口の1.3%程度の整備量となっています。

施設系サービスとは24時間にわたって介護を必要とする中重度者向けの住まいです。住まい機能とケア機能はパッケージ化されており、介護職が建物内に常駐しています。代表例は特別養護老人ホームや認知症高齢者グループホームで、高齢者人口の5.3%程度の整備量となっています。

3. 生活困窮者の特別な住まい

生活保護受給者や生活困窮者の中には、所得が低いだけでなく、精神疾患を抱えている、幼少期からの虐待経験などで生きづらさを抱えている、生活スキルが身についていないなどの理由で、単身でのアパート生活が難しく、サポートが付いた住宅や施設を必要とする人々がいます。また、ネットカフェや路上生活からアパート生活に移るまでの一時的な住まいを必要とする人々もいます。こういった特別な住まいには、救護施設、日常生活支援住居施設、無料低額宿泊所、シェルター等があります。

	住宅系サービス	施設系サービス
利用者像	虚弱者~軽中度者	中重度者
仕組み	住居とケアの分離	住居とケアの一体的提供
サービスの特徴	ケアの専門知識をもった管理人 ＋ 在宅サービスの活用	24時間365日、介護職が滞在
整備量	高齢者人口の1.3%程度	高齢者人口の5.3%程度
主たる種別	サービス付き高齢者向け住宅 ケアハウス 住宅型有料老人ホーム シルバーハウジング	特別養護老人ホーム 老人保健施設 認知症高齢者グループホーム 特定施設(有料老人ホーム等)

⑧ 住宅系サービスと施設系サービスの全体像

自宅に暮らす

◆◆ 学習のねらい ◆◆

多くの高齢者が、できる限り自宅で暮らしたい、と願っています。自宅に暮らすとはどういうことなのか、また、そのために必要なサポートや住環境を考えてみましょう。

1 在宅生活を支える住環境とサービス

1. 在宅高齢者の全体像

少し意外に感じるかもしれませんが、高齢者の94%が自宅に暮らしています。高齢者住宅や施設に暮らしているのは、高齢者の6%程度にすぎません。介護が必要な人は高齢者の16%程度ですから、要介護高齢者に限ってみても、3人に2人は自宅で暮らしている計算になります。多くの高齢者は元気に自宅で暮らしていることを理解したうえで、豊かな高齢期を迎えるための仕組みについて考えましょう。

2. 自宅に暮らし続けるための住環境

自宅で暮らし続けるためには、適切な住環境と支援体制が必要です。適切な住環境を整える際には以下の4点を考慮してください。

a. **安全の確保**……身体機能や動作能力が衰えると、少しの段差でもバランスを崩して骨折したり、嗅覚の衰えからガス漏れに気づくのに遅れたりします。これらを防ぐような対策を講じ、安全な住環境を保障することが大切です。

b. **自立の支援**……和式から洋式トイレに変更することで排泄の自立が保たれたり、階段に手すりを設けることでスムーズな移動が確保されます。福祉用具の積極的な活用も含めて、残存能力を活かした住環境を整えます。

c. **介護のしやすさ**……同居家族、ヘルパー、訪問看護師などの負担を軽減します。浴室リフト、電動ベッドなどは自立支援であると同時に介護者の腰痛予防にも効果を発揮します。

d. **心地良い住環境**……家族との交流を促す室構成、人を招くための空間、日差しやそよ風を感じられるような仕掛けなど、住宅が本来備えるべき環境は引き続き重要です。

3. 自宅に暮らし続けるための支援体制

身体機能が低下すると、支援を必要とする場面が生じます。まず必要となるのは安否確認や見守り、食事・買い物・送迎・掃除・洗濯・ごみ出しなどの生活支援サービスですが、これらは介護保険ではカバーされていません（ひとり暮らしの場合はこの限りではありません）。家族、地域ボランティア、有償サービス、市場商品などで調達する必要があります。

介護が必要となった場合には、市区町村の窓口で**要介護認定**の申請を行います。審査会を経て、要介護と判定されれば介護保険サービスの利用が可能となり、通常はケアマネジャーにケアプランの作成を依頼します。自宅で利用できる介護保険サービスは①の通りです。このうち、**小規模多機能型居宅介護**と**定期巡回・随時対応型訪問介護看護**は新しいサービスで、在宅介護の鍵を握るといわれています。

●訪問系サービス 　訪問介護、訪問入浴介護 　訪問看護、訪問リハビリテーション 　居宅療養管理指導 　定期巡回・随時対応型訪問介護看護
●通所系サービス 　通所介護、通所リハビリテーション 　認知症対応型通所介護
●短期入所系サービス
●小規模多機能型居宅介護 ●看護小規模多機能型居宅介護
●福祉用具貸与と購入　　●住宅改修

① 自宅で利用できる主な介護保険サービス

4. 地域社会における居場所づくり

職業からの引退と身体機能の低下により、高齢期になると行動半径が狭まり、相対的に地域でのおつきあいや社会参加が重要になります。団塊世代の地域デビューに関する番組や雑誌を目にしたことはありませんか？男性は地域に溶け込むのが大変なようです。

元気な時から地域活動に参加し生きがいを見つけながら健康を保つとともに、お互いさまの精神で、支援を必要とする高齢者をサポートする取組みも各地で始まっています。

2 介護保険における住宅改修と福祉用具の活用

1. 住宅改修

住宅改修を行う前にケアマネジャーに相談し、住宅改修事業者を交えて、改修工事の内容をつめます。改修計画を作成する設計側に高齢者の状態に関する専門知識があると、やり取りがスムーズです。高齢者や家族のなかには、住宅改修の必要性を理解できなかったり、環境を変えることが自立支援につながることがイメージしにくい場合があるようです（②）。

介護保険による住宅改修の支給限度額は20万円（自己負担1割）で、これを超える部分は全額自己負担となります。日本では住宅を個人資産と見なすこともあり、給付の対象となる工事は③の6項目に限定されています。

2. 福祉用具の活用

車椅子、電動ベッドなどの福祉用具はレンタルで介護保険から給付されます。ポータブルトイレや浴槽チェアなど再利用に心理的に抵抗がある商品の場合には、購入も給付の対象となります。福祉用具を効果的に活用するためには、用具に関する専門知識が求められます。

- ●手すりの取付け
- ●床段差の解消
- ●滑り防止および移動の円滑化のための床材の変更
- ●引き戸等への扉の取替え
- ●洋式便器等への便器の取替え
- ●その他、上記の住宅改修に付帯して必要となる住宅改修

③ 介護保険による住宅改修の種類

凡例　□ 既存部分　▨ 二次改修部分

昇降リフト　舗装

1階平面図（二次改修後）

寝室

② 住宅改修の事例（地域総合設計）

2度にわたり住宅改修を行って自宅で暮らしているAさんの事例。初回は要支援認定を受けたときにベッド導入、床段差解消を行った。1年後に2度目の改修工事。寝室を応接間に移し、勝手口を主な出入り口にするために電動昇降リフトを設け、自立支援と介護負担の軽減を実現した。

サポートの付いた住まいに暮らす

◆◆ 学習のねらい ◆◆
この章では住宅系サービスを扱います。サービス付き高齢者向け住宅、生活困窮者向けの支援付き住宅などについて理解を深めましょう。

1 サービス付き高齢者向け住宅

1. サービス付帯の仕組み

　特別な住まいは住宅系サービスと施設系サービスの2つに整理することができます。住宅系サービスは比較的新しい住まいで、代表格はサービス付き高齢者向け住宅です。2023年時点で28.3万戸が供給され、その特徴は以下の5点です。

・バリアフリー住宅

　住戸はバリアフリーで広さは25㎡以上です。トイレ、洗面、ミニキッチンが付いたワンルームタイプが基本です。風呂や食堂を共用部に設置すれば、部屋の面積は18㎡以上で構いません。

・基本サービス

　安否確認、生活相談、緊急対応が必須サービスです。これらを担う職員として住宅スタッフを配置します。住宅スタッフは介護はしません。

・住宅とケアの分離契約

　住宅部分は賃貸借契約、サービス部分は利用契約を結びます。住宅部分の費用は敷金、礼金、家賃で構成され、皆さんが住宅を借りるときと同じです。

・食事サービス

　95%以上の住宅で食事サービスが付いています。昼と夜は利用している人が大半です。

・在宅サービスによる介護

　ケアは在宅サービスを利用します。地域の事業所からヘルパーや医師が訪問したり、地域のデイサービスに出かけたりします。

2. 利用者像

　身体機能の低下に伴って、各種のサービスをどのように使うかを示したものが①になります。

　元気なうちに引っ越す人は珍しく、多くは介護が必要になってから引っ越します。高齢者の多くは持ち家に住んでいるため、家賃負担に躊躇し、引っ越しのタイミングは遅れがちです。それもあり、居住者の平均要介護度は2を超え、早めの

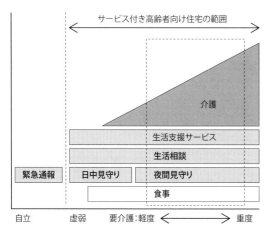

① サービス付き高齢者向け住宅の仕組み
点線で囲んだ部分が利用者が最も多いゾーン。介護が必要になってから引っ越す人が大半で、早めの引っ越しは少ない。

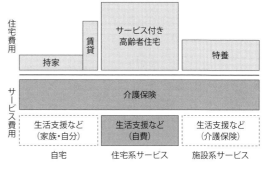

② 費用負担の仕組み
見守り・生活相談・生活支援サービス等は自宅では家族等が行い、施設では介護保険でカバーされるが、サービス付き高齢者向け住宅では自費である。同様に家賃もサービス付き高齢者向け住宅が最も高い。このため、早めの引っ越しは成立しにくい。

施設として機能しているのが実態です。北欧の国々は家賃補助制度を使って早めに引っ越しをするのですが、日本には普遍的な家賃補助制度はありません。家賃は市場価格の全額自己負担、見守りや生活相談など生活支援にかかわる費用も基本サービス費として自己負担となるため、居住者の多くは生活に余裕がある厚生年金受給者層となっています（②）。

3. サービス付き高齢者向け住宅での暮らし

　多くのサービス付き高齢者向け住宅は、有料老人ホームとハード面はよく似ているのですが、ここでは住宅らしい取組みを紹介しましょう。東京都住宅供給公社が管理運営する賃貸住宅団地「コーシャハイム千歳烏山」の一角に整備された物件です（③）。

　団地内には3棟のサービス付き高齢者向け住宅が整備されています。メインとなる9号棟は6階建てで、1階には居住者向けの食堂、訪問介護等の在宅サービス事業所、地域住民も利用可能なレストランがあります。2〜6階には43戸の

住戸があり、住戸面積は25〜67㎡、最も多いのは単身用のワンルームです。介護を必要とする人が多く入居しています。10号棟は全戸南向きの5階建てで、総戸数28戸です。9号棟と比べると住戸は広く、自炊して住戸内で食事をとることも想定されています。食事サービスを利用する際には9号棟まで出向く必要があるため、9号棟よりも支援の必要な人は少なく、虚弱〜軽度者の人が多いようです。11号棟は外気に面した外廊下で、一般賃貸住宅と混在した棟となっています。自立した人が多く暮らしています。3つの棟で利用者像や暮らし方に若干の違いがあることがイメージできるでしょうか。

　どの棟に住んでいても9号棟の事業所から在宅サービスを受けることは可能です。もちろん、地域の他の事業所を利用することもできます。地域施設棟にはクリニックや薬局のほか、多世代型のコミュニティカフェ、交流スペースなどがあり、事務所を構えるNPO法人が体操や絵画などの各種教室を開催しています。

サービス付高齢者住宅外観

1階レストラン

団地の全体図

住戸

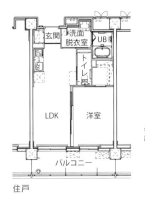

住戸

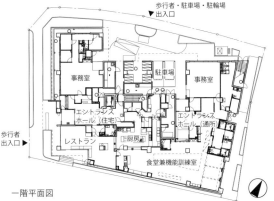

一階平面図

③ コーシャハイム千歳烏山（東京都世田谷区）
京王線の千歳烏山駅近くの東京都住宅供給公社の一角にあるサービス付き高齢者向け住宅。建物の1階に訪問介護などの在宅サービスとレストランがテナントとして入居し、サービス提供を含めて連携を図っている。近くには地域交流スペースのある地域施設棟がある。

2 サポートの付いた様々な住宅

　サポートの付いた住宅はサービス付き高齢者向け住宅だけではありません。制度の枠を超えた新しい取組みを見ていきましょう。

1. 軽めのサポート付き住宅

　住み慣れた自宅は駅から遠く、買物は不便。玄関や住戸内には段差が多い。そんな持ち家に暮らしている高齢者がいます。自宅を売却してマンションに引っ越す選択肢もありますが、虚弱になったときを見据えた備えもほしい……。そんな希望に応えたアクティブシニア向け住まいのひとつを紹介します（④）。首都圏を中心に140軒近くが供給され、駅から近い便利な場所に立地しています。

　住戸は1LDK～2LDKで40～60㎡と広く、人を招くことができるように寝室とLDKは完全分離となっています。食事サービスはありませんので、キッチンは一般家庭と同様の大きさです。支援のための職員は常駐せず、月1回の面談と緊急通報システムで対応します。サポートが必要になったときは家事代行、訪問介護、訪問診療などが利用可能です。

2. 居住者同士の気遣いを育む住宅

　ここまで紹介してきた住宅は居住者を高齢者に限定し、見守りなどは代価を払って解決するものでした。代価ではなく、居住者同士で緩やかに気遣い合う暮らしを紹介しましょう。神奈川県藤沢市にある「ノビシロハウス」です。介護保険事業に取り組む法人が、空室が目立つアパート物件を購入してリノベーションし、隣接地にカフェを併設したコミュニティスペースと在宅医療サービスが入居する棟を整備しました。住戸は20㎡前後のワンルームで、全部で8室。高齢者を中心に、いくつかの部屋には若い人が住んでいます（⑤）。

　ユニークなのは、若い入居者がソーシャルワーカーとしての役割を果たすことで、家賃が半額になることです。役割は大きく2つ。ひとつは住んでいる人たちに日頃から声かけをすること。「いってきます」「おはようございます」「天気がいいですね」そんな何気ない会話で構いません。もうひとつはコミュニティスペースでのお茶会のアレンジです。孤立することなく、ささやかな気遣いとつながりのある暮らしを実現しています。減額された家賃額は、実質的には高齢入居者が一部を負担していることになるので、相互の助け合いが成立しているところもポイントです。

3. 看取りまでを支える住宅

　空き家となった民家を活用し、看取りまでを支

④ ヘーベルVillageシリーズ
1LDK、48.9㎡。玄関には靴の着脱がしやすいようベンチを備えている。キッチンは高齢者が利用しやすいように設計されている。

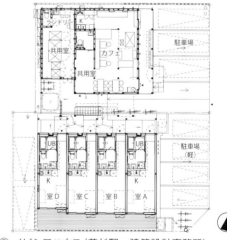

⑤ ノビシロハウス（若杉賢一建築設計事務所）
1階平面図。南棟はリノベーションで住戸8室。北棟は新築で1階にカフェ、2階にクリニック等。

えているのがホームホスピス「かあさんの家」です。発祥の地、宮崎のかあさんの家を紹介します（⑥）。

生活の名残りがある居心地のいい住宅を引き継ぎ、そのまま活用するのが基本です。玄関は段差を残し、ベランダに小さなスロープを付ける。かつての表札の横にかあさんの家の表札を掛ける。食器や家具はそのまま使う。そのような感じです。もちろん、安全性を考慮して、住宅用のスプリンクラーは設置されています。

住んでいる人は5人、それに対して6〜7人のヘルパーが常駐して24時間を支えています。看護や医療は在宅サービスを利用します。仕組みはサービス付き高齢者向け住宅と同じですが、実際に訪問してみると雰囲気が違います。支援する人−支援される人という関係性はなく、ともにそこに居るという雰囲気に包まれています。家庭的な人数、生活のにおいと音、人の気配、そして何より、住宅という空間の中で自然に起こる所作や振る舞い。これらが響き合って、豊かな暮らしが生まれています。

4. 生活困窮者向けの見守り支援付き住宅

最後に紹介するのは生活困窮者向けの見守り支援付き住宅です。福岡県北九州市にあるプラザ抱樸を紹介しましょう（⑦）。

この建物はRC造12階建ての110戸の賃貸住宅として運営管理されてきました。数年前に生活困窮者の支援団体が1棟をまるごと購入し、自らが大家となり、ホームレス状態にあった人、障害者、身寄りのない高齢者、DV被害者などに住戸を貸し出し、併せて必要な支援を提供しています。

110戸のうち55戸が見守り支援付き住宅です。広さはワンルームの21.7㎡で、家賃は生活保護の住宅扶助費の範囲内に設定されています。安否確認や生活支援が付帯され、必要に応じて介護サービスや障害サービスの利用もできます。2階には居住者向けのサロンが設けられ、住民の助け合いが目指され、孤立の解消に一役買っています。残りの住戸は日常生活支援住居施設や障害者のグループホームとして運営され、建物全体は属性を超え様々な人が混在しているのが大きな特徴です。

⑥　かあさんの家・曽師
住宅街に立地する平屋。リビングの床をフローリングにし、スロープを広縁側に設置。

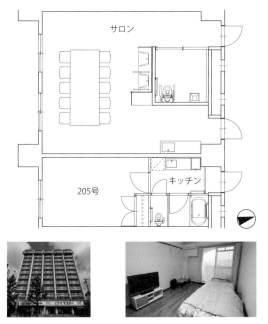

⑦　プラザ抱樸
全110戸。見守り支援付き住宅の他、日常生活支援住居施設などから構成されている。居住者用のサロンも用意されている。

8-4 施設に暮らす

◆◆ 学習のねらい ◆◆

現在、様々な事情から、自宅に住み続けられない人々が存在します。ここでは、加齢が主な要因である認知症や要介護度が重度の高齢者のための施設、生活困窮と加齢などの複合的要因によって住居を確保できない人々のための施設を取り上げます。これらは公的支援を受けられず自宅に住み続けられない人々のための受け皿にもなっています。

1 認知症高齢者を支える

1. 認知症高齢者の特性

日本の認知症高齢者は、2025年には約675万人、高齢者の18.5％に達すると推計されています。認知症高齢者とその家族の様子が人々に知られるようになったのは、1970年代の小説『恍惚の人』（有吉佐和子著）を通してでした。当時、認知症の人々の行動は問題として捉えられており、病気としての診断や評価は曖昧でした。しかし、現在それらの行動は、環境要因や心理要因等、周囲の環境も原因の1つと考えられ、認知症の人のための環境づくりが進められています。

2. 認知症高齢者グループホームとは

認知症高齢者グループホームが制度化されたのは、介護保険制度が創設された2000年のことです。2018年には、全国に1万3674カ所ありました。1ユニットは9人で構成（制度としては5〜9人で構成可能）され、1つのグループホームのユニット数は2ユニットまでと小規模です。

本人の能力を維持することが重要であるため、1日の流れの中で、食事の支度や後片付け、掃除や洗濯、庭や畑の手入れなどを組み込み、過去の生活習慣を維持できるように配慮されています。グループホームへの転居の際には、私物を持ち込むなど、転居先への**馴染み**が大切にされています。また地域とのつながりを持つため、食事の支度の一環として、地域の店舗に買い物に行くなどといった行為も行います。

3. 家庭的な環境づくり

ここで紹介している「こもれび」（①）は平屋の建物で、中庭を中心とした四季を感じられる生活環境となっています。移動能力が保たれているものの、認知機能の低下が顕著な人が多く居住しているため、特別養護老人ホームのようにすべての空間が車椅子対応となっているわけではありません。住宅らしさが重視されているため、各空間は小規模で、天井高も低く抑えられています。また、リビングや囲炉裏、小上がり、縁側など様々な空間要素が用意されています。居室と共用空間は緩やかなポーチや障子窓によってプライバシーの調整ができるようになっています。

① 認知症高齢者向けグループホーム こもれび（宮城県、外山義設計監修）

1997年に竣工した認知症高齢者向けグループホーム。中庭を囲んで10の居室、食堂、囲炉裏などが配置されている。

外観

緩やかな公私領域

食堂

2 重度の高齢者を支える

1. 入居者の重度化

　近年、高齢者の在宅生活を支える社会の流れに呼応して、施設に入居可能な高齢者の身体状況も重度でなければ許されなくなってきました。それに伴い、施設に住まう高齢者の重度化が問題となっています。入居当時は比較的若く、元気な高齢者も月日が経つと身体状況は悪化していきます。このことから、施設は車椅子利用者や寝たきりの高齢者に対応することが求められています。そのような高齢者の主たる受け皿となっているのが特別養護老人ホームです。

2. 特別養護老人ホームとは

　特別養護老人ホームは1963年に制度化された施設です。当初は救貧的な位置づけでしたが、介護保険の制度化、居住費の自己負担化により、現在では中重度のための普遍的な施設となっています。従来は多床室と大食堂で構成された空間で集団処遇がなされていましたが、2003年に**個室ユニット化**が推進されることで個別ケアが試みられてきています。

　特別養護老人ホームの定員は60〜100人程度

となっており、1ユニットは入居者10人程度で構成されます。1ユニットにおおよそ最大3人の職員が配置され、馴染みの関係性の中で生活が展開します。1ユニット内にリビング、キッチン、浴室、居室があり、ユニット内でおおよそ生活は完結しますが、他のユニットに出かけることもできます。

3. 多世代がかかわることのできる環境づくり

　ここでは、ユニットケアを実施している施設の事例として特別養護老人ホーム「萩の風」(②)を紹介します。この施設は鉄筋コンクリート造4階建てで1ユニットに10人の入居者が暮らしています。入居者の生活が施設内で完結しないように、前面道路側にあった塀を壊し、地域に開放された庭をつくり、そこで人生の先輩である高齢者と地域の子どもたち・住民との学び合いの場をつくっています。その他にも、1階の入り口近くに駄菓子屋をつくったり、最上階に図書館を設けたりして、子どもたちが自由に使える場所にしています。高齢者を一方的にケアされる存在ではなく、「人生の先輩」として、「生きること」や「いのち」そのものの大切さを伝える存在であることを発信しようとしています。その中に**看取り**の可視化も含まれます。

1階　1:1,000　　　　　　　　　　　　　　2階　1:1,000

開かれた庭

学び合いの場

駄菓子屋

② 特別養護老人ホーム　萩の風（宮城県、松本純一郎設計）
2008年に開設した特別養護老人ホーム。前面道路側にある地域に開かれた庭が地域の人々との接点になっている。

4. 職員・入居者の境界のない環境づくり

　次に、特別養護老人ホーム「栗林荘」(③)の増改築による環境づくりを紹介します。この施設は、1977年に開設した鉄筋コンクリート・鉄・木混構造2階建ての施設です。全3期に分けた増築・改修により、もともと地域にあった介護の機能を地域に戻すことを目指しています。そのために、入居者・職員・地域の人が分け隔てなく「やりたい」ことを施設内で実現します。これにより、地域と施設の結びつきを強め、その先に介護が地域に展開していくことをねらっています。具体的には、入居者や職員の特技を活かすため、本格的なオーブンやガレージ、ボルダリング施設などが設けられています。その他にハード面で特徴的なのは、スタッフスペースです。スタッフスペースは普通は職員のための空間として使われます。しかしここでは食堂と居室の間にあえてつくり、入居者が食後、居室に戻る途中に職員と顔を合わせ、自然に会話することにつながっています。これは、食堂と居室の間を行き来するだけになりがちな施設での生活に変化を与えてくれます。また、厨房と入居者の食堂には境がありません。これにより、厨房の職員と食事をとる入居者の距離が縮まり、より適切な食事提供が可能になっています。

3 生活困窮者を支える

1. 生活困窮者を支える特別な住居

　2022年時点で生活保護受給者は全国に約204万人いるとされています。生活困窮者のために、無料または低額な料金で宿泊所などを利用させる「無料低額宿泊所」の歴史は古く、その源流は明治期の篤志家が生活困窮者のために開設した無料宿泊施設に遡ることができます。2000年頃には無料低額宿泊所が増加する中、劣悪な環境の宿泊施設の存在が指摘されるようになりました。法のはざまで困難を抱えている生活困窮者や生活保護受給者に対して劣悪な居住環境や食事などのサービスを提供する一方、そのサービス内容に見合わない高額な料金を請求し、それを生活保護費などから支払わせて利益を得ているいわゆる「**貧困ビジネス**」の事例が、今日、社会問題化しています。2020年4月、これらの規制のために、無料低額宿泊所については、事前届出と最低基準の設定がなされました。また、単独での居住が困難な人への日常生活支援が開始されました。

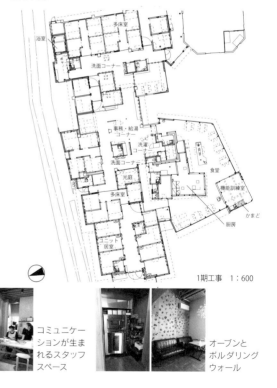

2期工事　1:1,500

1期工事　1:600

開かれた厨房　コミュニケーションが生まれるスタッフスペース　オープンとボルダリングウォール

③ 栗林荘（栃木県、わくわくデザイン設計）
1977年に開設した特別養護老人ホーム。2024年改修完了予定で、全3期に分けて施設の改修を行っている。一連の改修により施設が地域の一部となることを目指している。

生活保護受給者のための住まいは支援の必要度によって、大きく在宅と無料低額宿泊所、保護施設に分けられます。ここでは「無料低額宿泊所」の発展形として生まれた「日常生活支援住居施設」を取り上げます。

2. 日常生活支援住居施設とは

日常生活支援住居施設は、無料低額宿泊所にさらに、入居者の状況に応じた日常生活上の支援が付加された施設のことをいいます。この住まいができた理由としては、生活困窮者の抱える多様な課題への対応が必要とされたからです。無料低額宿泊所では、原則1日1回の状況把握や軽微な相談、食事の提供などがなされますが、日常生活支援住居施設では、服薬確認や通院同行、手続き代行から、場合によっては、食事・排泄の介助なども行います。これらはこれまで保護施設でしか行っていなかった内容で、施設と在宅の間をつなぐ施設として期待がされています。現在、日常生活支援住居施設は、2022年4月の時点で全国に計120施設存在しています。

3. 多様な生活支援の必要性

ここでは、仙台市内の日常生活支援住居施設の運営法人である「ワンファミリー仙台」を取りあげます。この法人は、仙台市内で無料低額宿泊所やシェルター、自立準備ホームなどを運営する様々な課題を抱える人々を支援してきたNPO法人です。日常生活支援住居施設の開設に至ったのは、無料低額宿泊所等において、単身生活者の支援に限界を感じたことが要因にあります。施設ではなく、「家」を目指しており、ルールは必要最低限のもののみです。入居しているのは身元保証人のいない人が多く、矯正施設出所者や精神に障害を抱えた人もいます。このことから、サポートのあり方も様々です。こういった施設の需要は今後ますます高まっていくことが予想されます。建物のつくりとしてはシェアハウスに似ていて、居室は1人1室ですが、台所やキッチン、風呂、トイレは共同になります。施設を作るにあたっては、水回りを1、2階に設けて入居者の順番待ちのストレスが少ないようにしたこと、様々な共用空間を作り、居場所を用意したこと、敷地内に畑を作り、入居者が協働できるきっかけを作ることが留意されていました（④）。

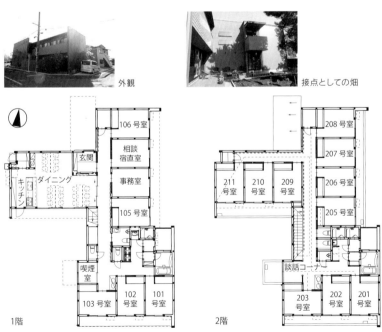

外観

接点としての畑

リビング以外の
居場所

1階

2階

④ てらっせ東勝山（宮城県、樹音建築設計事務所）
2022年にワンファミリー仙台が開設した日常生活支援住居施設。地域に馴染んだつくりとなっている。

地域に暮らす

◆◆ 学習のねらい ◆◆

自宅、住宅系サービス、施設系サービス、どこに住んでいようと人々は地域社会の中で暮らしています。誰もが安寧に暮らせる社会と住まいの関係について考えてみましょう。

1 地域に暮らすとは

1. 地域居住への道のり

先進的な福祉施設は地域に開かれ、まちの拠点としての機能を担っています。そこに至るまでの歴史を振り返ってみましょう（①）。

・救貧施設から住まいへ

かつて施設を必要としたのは、貧しく、身寄りがない人たちでした。国は人里離れた場所に大規模施設を建設し、彼らをそこに収容します。プライバシーのない相部屋は救貧施設の発想で、住まいと呼べるものではありませんでした。高齢社会を迎え、介護を理由に自宅で暮らせない高齢者が急増すると、救貧思想を脱却し、個室化や小規模化など暮らしにふさわしい住まいへと転換を図るようになりました。

・在宅ケアの充実、住宅系サービスの登場

同時に、家族介護の限界が指摘され、介護保険が創設され、在宅ケアの充実が図られました。住宅系サービスも本格的に導入されます。この段階になると、自宅、住宅系サービス、施設系サービス、いずれもが「住まい」であるとの捉え直しが始まります。施設は住宅とケアの組合せであることが理解され、施設の立地は人里離れた場所からまちなかへと変化します。

・地域居住（エイジング・イン・プレイス）へ

エイジング・イン・プレイスは1992年にOECD（経済協力開発機構）で初めて用いられた言葉で、住み慣れた地域でできる限り長く暮らすことを指します。この暮らし方は住宅や施設の中で生活が完結することを目指すものではありません。なんらかの支援が必要であっても、地域に出かけ、あるいは人々が訪れ、役割と出番を得て人とつながりながら生きていく暮らしを目指します。

2. 住まいと拠点の関係

これからの時代に求められる拠点と住まいの関係を②に示します。住宅には一般の住宅、住宅系サービス、施設系サービスの3つがあります。一般の住宅の一部では居住支援という取組みが始まっています。一方、拠点には介護や医療といったケアの場、人々の集いや交わりといった活動の場、飲食や買い物や小商いや生業が営まれる経済の場の3つが必要です。

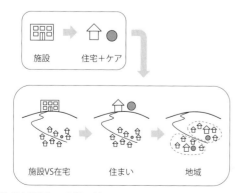

① 地域居住への道のり

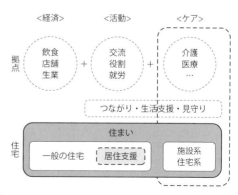

② 住まいと拠点の関係

2 ケア拠点と活動拠点のすがた

1. 住民による支え合い：活動拠点

足腰が弱ってくると、買い物や掃除、調理が負担になってきます。ひとり暮らしになり、孤独を深める人も少なくありません。身近な場所で住民たちが立ち寄り、体操したり、買い物したり、生活の知恵を学んだり、そういった機会を通じて役割や出番を持ち、人とつながりながら過ごす場所、それが活動拠点です。

団地の一角に整備された取組みを紹介しましょう。NPO法人お互いさまねっと公田町団地は、2008年に住民主体で活動を開始しました。スーパーが閉鎖されて買い物難民が発生したことをきっかけに、あおぞら市をスタートさせ、その後、空き店舗を改修し、交流サロンやミニ食堂などの活動を行っています（③）。

2. 小規模多機能を用いた暮らし：ケア拠点

自宅での暮らしを支える切り札のサービスが小規模多機能型居宅介護（以下、小規模多機能）です。全国で約5,700カ所（2023年）が整備されています。

登録定員は最大で29人、利用者の大半は認知症の高齢者で、自宅は中学校区程度の範囲内に収まっています。「通い」をベースに、「泊まり」や「訪問」を柔軟に組み合わせることができます。夕食を終えてから帰宅する、体調が悪いときに訪問に切り替える、家族の突発的な事情で泊まりを利用するなどが可能です。

利用者が固定されているため、人間関係も築きやすく、自宅の近くにある馴染みの場所に近いともいえます。交流スペースを設けるなどして空間を開き、近隣の拠点となるような試みも一般化しています（④）。

くつろぐ住民たち

1階平面図

③ お互いさまねっと公田町団地（神奈川県）

丘の上にある1,660戸の団地。撤退したスーパーの空き店舗に交流拠点いこいを整備。交流拠点いこいは団地の中心部に位置し、外壁はガラスが多用され、室内の様子を通りからうかがうことができる。

④ 小規模多機能：小山倶楽部（剣持建築設計事務所）

リビング風景

地域向けのお祭り

コミュニティ食堂

医療福祉拠点

ダンチまつりの様子

⑤ UR豊四季台団地（千葉県）
1960年代に開発された4,600戸のUR団地。エレベーターのない中層住宅の建替えを順次行い、余剰地を確保しながら、医療福祉拠点、子育て施設、コミュニティ食堂、スーパーなどを導入した。

3 エイジング・イン・プレイスに向けて

　地域に住み続けるための取組みを2つ紹介します。1つは団地による面的な取組み、もう1つは社会福祉法人による拠点の取組みです。

1. 団地事業者による取組み

　全国に約70万戸の賃貸住宅を運営管理するUR都市機構は、多様な世代が安心して住み続けられるまちづくりを目指しています。その1つ、豊四季台団地を紹介しましょう（⑤）。高齢化率が40％に達したこの団地では、2008年から始まった建替え事業において、以下に取り組み、成果を上げています。

・団地の更新

　エレベーター設置など住宅のバリアフリー化を進めるとともに、民間分譲住宅を新たに整備し子育て世帯の流入を促進する。

・生活支援アドバイザーの配置

　高齢者に対して生活相談、見守り、交流促進、地域関係者との連携を担う生活支援アドバイザーを配置し、交流拠点併設の管理事務所に常駐。

・医療福祉と子育ての拠点の整備

　特別養護老人ホーム、サービス付き高齢者向け住宅に加えて、診療所、訪問看護、小規模多機能などの在宅拠点を整備する。このほか、認定こども園など保育施設も整備し、ダンチまつり等を開催する。

・健康維持や社会参加

　コミュニティ食堂、スポーツクラブを誘致し、住民の栄養・運動・社会参加の機会を提供し、フレイル予防に貢献する。

2. 福祉事業者による取組み

　最後に紹介するのは春日台センターセンターです（⑥）。1960年代に開発された住宅団地の中心エリアを、福祉事業を核に再生しようとする試みです。一帯で事業を展開していた社会福祉法人は、地域の人たちと任意団体を立ち上げ、このエリアの再生について数年にわたる話し合いを重ね、計画案を練りました。それを経て開設されたのが春日台センターセンターです。

　グループホーム、小規模多機能、放課後等デイ

サービス、就労支援などの介護事業と障害事業、学習支援を行う寺子屋、コモンズルーム、コロッケスタンドなど、ケアと活動と経済の3機能がバランスよく配置されています。建物は大屋根の下に3つの棟に分かれ、そこを通りや土間が交差しています。ガラスが多用され、建物内外が一体となって風景を形成しています。もちろん、中で暮らしている人の個室は奥まったところに配置され、プライバシーは確保されています。

思う心地良い空間やおいしい食事を用意し、そこを訪れる。ふと横を見ると、高齢者や障害者が暮らしている。その姿を見て、自分たちと目の前にいる人たちを隔てるものは何もない、私たちは地続きでつながっていることに気づく。このような機会をデザインの力を使って整え、共感層を増やしていくことが共生社会への第一歩ではないでしょうか。ぜひ、身近にある福祉の場に足を運んでください。

3. なぜデザインを重視するのか

支援を必要とする人たちが暮らす場所に店舗や飲食などの経済活動を入れ、空間全体を適度におしゃれにするのは何故でしょうか。一般の人たちは福祉施設との接点がないこともあり、福祉への関心は高くないのが実態です。⑦の図でいえば無関心層です。私たちが欲しい、訪れたいと

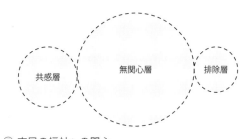

⑦ 市民の福祉への関心
福祉に触れることが無関心層が共感層へと変容する第一歩となる。

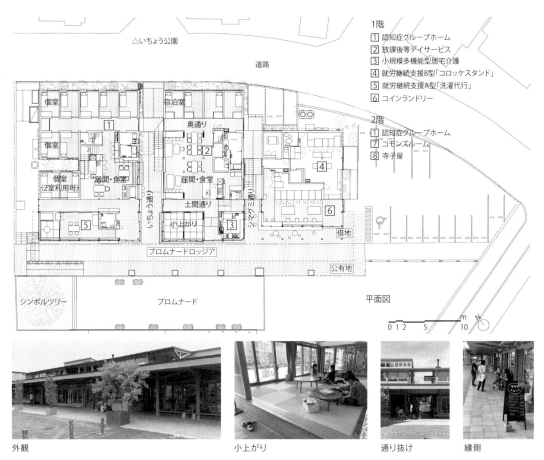

外観　　小上がり　　通り抜け　　縁側

⑥ 春日台センターセンター（神奈川県愛川町、teco設計）
小規模多機能、認知症高齢者グループホーム、放課後等デイサービス、就労継続支援A型・B型といった制度サービスのほか、2階には寺子屋、コモンズルーム、コロッケスタンドがある。

災害と住まいの全体像

◆◆ 学習のねらい ◆◆

21世紀は「災害の世紀」ともいわれているように自然災害が多発し、災害への備えや被災したときの住まいのあり方がこれまで以上に問われています。ここでは、次節以降の導入として災害に関する概念を理解し、災害と住まいに関してどのような問題があるのか考えてみましょう。

1 災害とは

災害とは「自然現象や人為的な原因によって、人命や社会生活に被害が生じる事態」をいい、地震・津波・洪水などの自然現象によって起きる自然災害と、都市火災や航空機の墜落など主として人為的な要因によって起きる事故災害（産業災害）に大別されます。また、複数の災害が連動して起こるものを複合災害といい、東日本大震災における地震と津波による原子力発電所の事故などがこれにあてはまります。

①は自然災害が起きる仕組みを模式的に示したものです。自然災害は、自然の異常な外力（ハザード）が私たちの生活する人間社会に作用して発生します。これは、外力が同じでも、人間社会の状態が異なれば災害の大きさも変わることを意味しています。たとえば、同じ大きさの地震が起こったとしても、都市と農村で被害の様相が異なることは容易に想像できるでしょう。人間社会を構成しているのは、構造物（建築や土木構造物など）や人々の意識・行動です。つまり、私たちの住まいや生活を変えることで被害を減らすことができるのです。

① 自然災害が起きる仕組み

時系列区分	災害への備え	災害時の避難	
本章の節との対応	9-2	9-3	
時間単位の目安	数年～数十年　　発災	数時間～数日	数日～数カ月
主な選択肢・項目	●建物の耐震化 ●建物の不燃化・難燃化 ○ハザードマップなどの確認 ○家具の転倒防止対策 ○食料・飲料などの備蓄 ○非常持ち出し品の準備 ○地震保険への加入 ○家庭の防災会議	<緊急避難> ●指定緊急避難場所への避難 ○親族/知人宅/会社への避難 ○ホテル/旅館への避難 ○建物の上階への避難（垂直避難） ○その場にとどまる（待避）	<収容避難> ●指定避難所への避難 ●福祉避難所への避難 ○自主避難所の運営 ○在宅避難 ○車中泊 ○親族/知人宅/会社への避難 ・応急危険度判定 ・罹災証明
災害対策基本法における時系列区分	防災計画／災害予防	災害応急対策	
関連する主な法律	建築基準法	災害救助法	

●：行政からの支援あり
○：行政からの支援なし（自力）

② 災害と住まいの見取り図

2 災害と住まいに関する時系列での整理

1. 防災とは

　わが国の災害対策を体系的に定めた災害対策基本法という法律には、防災とは「災害を未然に防止し、災害が発生した場合における被害の拡大を防ぎ、及び災害の復旧を図ること」と定義されています。つまり、防災とは事前に備えることだけではなく、発生した際の応急対応や発生後の復旧・復興まで含んだ広い概念なのです。復旧・復興は次の災害に備える期間でもあるため、これらは災害発生前→発生時→発生後というように繰り返されていきます。これを災害対応の循環体系（Disaster Life Cycle）といいます。次にまったく同じことが起こるわけではありませんが、教訓を次の災害対応に活かしていく必要があります。

2. 災害と住まいの見取り図

　②は災害対応の循環体系の観点から、災害と住まいに関する主なトピックを時系列に沿って整理したものです。各時系列区分は本書9-2～9-5節と対応していますので、詳しくは各節を参照してください。

仮住まい	住まいの再建/復興
9-4	9-5
数カ月～数年 →	数年～数十年 →
●被災した自宅の応急修理 ●応急仮設住宅（建設型、借上型など）への入居 ○民間賃貸住宅への入居 ○親族/知人宅の間借り	●被災した自宅の補修＊ ●自宅の建設・購入＊ ●民間賃貸住宅への入居＊ ●災害公営住宅への入居 （＊加算支援金等を利用した場合）
	災害復旧
	被災者生活再建支援法、公営住宅法

災害への備え

　平時＝災害発生前は災害へ備える時期です。具体的な方法はハザードによって異なりますが、地震を例にとると、建物の耐震化、不燃化・難燃化、家具の転倒防止対策などのハード対策と、地震保険への加入や家庭の防災会議などのソフト対策などがあり、両者をバランスよく実施することが重要です。

災害時の避難

　発災後（もしくは災害の脅威が迫っている時期）に被害の拡大を防ぐ行動として、避難があります。避難というと、行政が指定する小中学校の体育館などへの移動がイメージされがちですが、それだけではありません。夜間や大雨が降っているときなど、避難場所へ行くほうが危険な場合もあります。避難のあり方は災害ハザードごとに様々ですが、基本的には命を守るための緊急避難（数時間～数日）と中長期的な避難生活を送る収容避難（数日～数カ月）に大別されます。

仮住まい

　発災後、自宅が被災し元の住まいに住み続けられなくなった場合、仮の住まいが必要となります。プレハブや木造の応急仮設住宅（建設型）に加え、近年ではアパートなどの民間賃貸住宅を利用した応急仮設住宅（借上型）の割合が増えています。この他にも、自宅を修理して住む、親戚の家に間借りするといった選択肢もあります。

住まいの再建／復興

　災害後の恒久的な住まいとして、行政が提供する災害公営住宅への入居に加え、加算支援金などの住宅再建支援制度を利用して、新たに住宅を取得する、自宅を補修する、民間賃貸住宅へ入居するといった選択肢があげられます。住まいの再建の時期や選択の判断には、復興事業の進捗状況や宅地整備の方針がかかわることもあります。

9-2 災害への備え

◆◆ 学習のねらい ◆◆

平時は来るべき災害に備えるための準備をする段階ともいえます。住まいで想定される災害リスクを理解し、どのような対策が必要か考えてみましょう。

1 住まいで想定される様々な災害リスク

人や事象に対して損害を与える可能性のある現象や活動についての危険性を**リスク**といいます。①は住宅に関連して想定される主な災害リスクをまとめたものです。様々なリスクが私たちの身近なところに存在していることが分かります。もちろん立地によって程度は異なってきますが、ゼロリスクは存在しません。これらと共存していく必要があります。

2 地域の災害リスクを知る

災害に備える第一歩は、自分の住んでいる（住もうとする）地域にどのようなリスクがあるかを把握することです。そこで役立つのが**ハザードマップ**です。ハザードマップとは、災害の発生可能性が高い場所をその程度に応じて色分けして示した地図のことで、地震、津波、洪水、土砂災害、火山など様々なハザードに対して作成・公表されています（たとえば②）。多くは避難場所や防災設備などの情報を盛り込んだ防災マップというべきものが多いです。あくまである想定のもとで描かれているため、これを超える被害が発生することもあり得ることに注意が必要ですが、災害リスクを客観的に表す情報として重要ですので、必ず確認しましょう。

紙やWeb上の地図だけでは見る人が限定的であるため、生活空間内に浸水深や避難場所などの情報を表示する取組みも行われています（③）。

3 居住地選択における災害リスクの位置づけ

災害リスクを軽減するという観点から、どこに住むかは重要な要素です。④は埼玉県東松山市に引っ越してきた人を対象に、居住地選択時に重視したことを尋ねた結果です。全体的に住宅の広さや間取り、価格を重視した人が多くなっていますが、浸水想定区域内では災害に対する安全性を重視した人が少なく、店までの近さや地域の発展性、まちのイメージの良さを重視した人が多いことが分かります。どこに住むかは個人の総合的判断のため、災害リスクの考慮は後回しになりやすいのが現状です。

4 災害に備えた住宅の工夫

災害に備えるために、住宅の造りをどうすれば良いのでしょうか。ここでは主な災害種別ごとに紹介します。

1. 地震

阪神・淡路大震災で死亡した人の約83％が建物倒壊によるものでした。倒壊による圧死や延焼を防ぐために、建物自体の**耐震化**が重要です。また、家具の固定をしっかりとしておくほか、家具の配置にも工夫が必要です（⑤）。

高層マンションでは**長周期地震動**といって、大

災害種別	主な被害
地震	建物倒壊、家具転倒、大規模火災、液状化、ライフラインの途絶
津波	浸水、建物倒壊、物品流出など
風水害	浸水、建物損壊、土砂災害など
雪害	建物損壊、除雪中の事故など
火山噴火	噴石、火山灰堆積など
火災	建物焼失、物品焼失、負傷など

① 住宅で想定される主な災害リスク

きくゆっくりした揺れが数分間続くことがあります。家具類が転倒・落下する危険があるため、十分な対策が必要です。

2. 水害

水害リスクが高い場所では、地盤をかさ上げしたり、基礎を高くして浸水しにくくしたりする対策が有効です。既存の住宅では周囲を**防水壁**で囲んだり、建物自体を防水性のある建材などで囲む方法があります（⑥）。エアコンの室外機や給湯器などは想定される水位より上に設置しましょう。また、ブレーカーを1階と2階で分けておくことで、2階の停電を防ぐことができます。

3. 火災

すべての住宅に住宅用火災警報器の設置が義務づけられています。カーテンやじゅうたんに防炎品を使用することも効果的です。

4. 全般

ライフラインが停止しても一定期間エネルギーが確保できることが必要です。停電対策としては太陽光発電などの**創エネ技術**が有効です（⑦）。また、断水への備えとしては雨水の貯水タンクを設置してトイレや洗濯に使用するなどの方策があります。災害への備えは平時の環境負荷軽減と両立する場合が多いといえます。

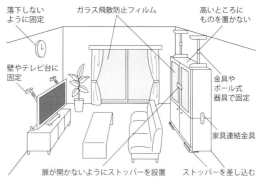

⑤ 室内の安全確保のためのポイント

② 東京都世田谷区洪水・内水氾濫ハザードマップ（部分）
台風や大雨で多摩川の堤防が決壊し、洪水が発生した場合に想定される浸水深や避難所が掲載されている。

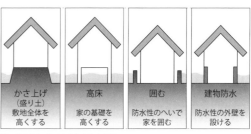

⑥ 住宅における浸水対策

③ 電柱への浸水深の表示（世田谷区）

④ 居住地選択時に重視した項目の浸水想定区域内外での比較（埼玉県東松山市での調査より）

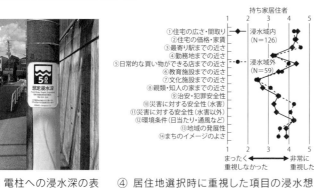

⑦ コミュニティ型低炭素モデル地区の街並み（茨城県つくば市）

すべての戸建て住宅に太陽光発電システム、リチウムイオン蓄電池や燃料電池を設置している。

災害時の避難

◆◆ 学習のねらい ◆◆

発災後、もしくは災害の脅威が迫っている状況で被害の拡大を防ぐ基本的な行動が避難です。ここでは、避難の種類や避難場所と避難所の違い、人間の行動特性などについて理解し、どのような対策が求められるか考えてみましょう。

1 避難とは

災害を避けるために、安全な場所へ逃れることを**避難**といいます。①は避難のタイプを時間と空間移動の有無によって分類したものです。時間のレベルでは、緊急的に身の安全を確保する緊急避難と一定期間仮の生活を送る収容避難があります。緊急避難には、津波や洪水などの切迫した状況において建物の上層階へ移動する「垂直避難」や屋外に出るのが危険な場合に屋内の安全を確保できる場所に一時的にとどまる「待避」も含まれます。収容避難には、自治体の開設する避難所や親戚・知人宅などへの避難のほか、「在宅避難」や「車中泊避難」もあります。

2 避難場所と避難所

避難場所と避難所は混同されがちですが、東日本大震災を教訓として、災害対策基本法では両者を明確に区別しています（②）。災害が発生した時に緊急に命を守る、あるいは災害の発生が危惧されるときに事前に避難し命を守る場所が**避難場所**、被災後に自宅を失った人や自宅に戻れない人が一時的に共同生活を送る場所が**避難所**です。避難場所は災害種別によって異なることが多いので、注意しましょう。

避難所は災害救助法にもとづき行政が設置するもので、避難生活を送る場所です（③）。発災直後は施設管理者や行政職員が中心となって運営されますが、NPOやNGO、ボランティアの協力を得つつ徐々に避難者による自主的な運営に移行することが望まれます。また、避難所は物資や情報集積の拠点としての役割もあり、在宅避難している人も訪れます。④は避難所運営に関連

する業務の項目ですが、これを実現するために平時からの協力体制が欠かせません。

要介護高齢者や障害者、乳幼児がいる避難家族のために開設されるのが**福祉避難所**です。高齢者施設や障害者施設、特別支援学校が使用されます。かつてはまず一般避難所へ避難した後に福祉避難所へ移されていましたが、今日では福祉避難所への直接避難が呼びかけられています。

	緊急避難 緊急的に身の安全を確保すること	収容避難 被災後、一定期間仮の生活を送ること
空間移動あり （立退き避難）	水平避難 公園・広場や学校、親類宅など地図上で別の場所に移動すること	
	垂直避難 津波や洪水から逃れるため、建物の上層階に移動すること	車中泊避難 自家用車で避難生活を送ること
空間移動なし	待避 屋外に出るのが危険な場合、屋内の安全を確保できる場所にとどまること	在宅避難 安全を確保できる場合、自宅で避難生活を送ること

① 避難の分類

避難場所	避難所
災害が発生したとき、あるいは発生が危惧されるときに緊急に命を守る場所	被災後に自宅を失った人、自宅に戻れない人が一時的に共同生活を送る場所
学校の校庭、公園、津波避難タワーなど（ハザードによって異なる） →主に屋外	体育館、公民館、テント泊場所など →主に屋内

② 避難場所と避難所の違い

災害対策基本法では「指定緊急避難場所」と「指定避難所」という名称になっている。

③ 東日本大震災における岩手県大船渡市の避難所の様子

プライバシーを確保するため、希望する家族にはテントが支給された。

3 緊急避難における心理・行動特性

1. 知識と行動の不一致

「こうすればよいということは分かっていても、なかなか実行できない」ということは平時でもよくあることですが、災害時の緊急避難にもあてはまります。たとえば、千葉県御宿町の沿岸地域で2008年に実施した調査では、大津波警報が出されれば95％の人が避難する意思を示していましたが、2011年の東日本大震災の際に同じ地域で実際に避難した人は約4割にとどまりました（⑤）。このような現象は「**知識と行動の不一致**」と呼ばれ、災害への対策行動などでも課題となっています。

2. 正常性バイアス

避難しようと思っていても、なかなか避難できない理由の1つとして、「**正常性バイアス（正常化の偏見）**」と呼ばれる心理現象があります。これは、「ある範囲までの異常は異常だと感じずに、正常の範囲内として処理する心のメカニズム」を指し、危険情報を信じない、または拒否する態度、楽観視、知識の欠如、他人事と考える心理などが介在した現象だと考えられています。これを打破するのはなかなか難しいのですが、少なくともこうした現象を知っておくことが重要です。

3. 避難経路の選択傾向

建築空間内において、避難経路を選択する際には⑥のような傾向が現れることが分かっています。設計の際はこうした人間の行動特性を理解し、日常利用する経路が避難経路と重なるように計画する、明るいほうや開けたほうに避難階段を設けるなどの工夫が求められます。

4 応急危険度判定と罹災証明

自宅が被災したときに、そこに住めるかを判定するのが、**応急危険度判定**です。これは、応急危険度判定士という資格を持つ専門家が建物に2次災害の恐れがないかを点検するものです。判定結果は赤（危険）・黄（要注意）・緑（調査済）の3段階で区分し（⑦）、建築物の出入り口などの見えやすい場所に設置されます。

これとは別に、住まいの継続使用が可能かどうか、構造的・経済的観点から被害を判定するのが被害認定調査で、これをもとに**罹災証明書**（りさい）が発行されます。罹災証明書は応急仮設住宅の入居や各種支援策を受ける際の判断材料になります。

運営体制の確立（平時）	
1. 避難所運営体制の確立	4. 受援体制の確立
2. 避難所の指定	5. 帰宅困難者・在宅避難者対策
3. 初動の具体的な事前想定	
避難所の運営（発災後）	
6. 避難所の運営サイクルの確立	10. 衛生的な環境の維持
7. 情報の取得・管理・共有	11. 避難者の健康管理
8. 食料・物資管理	12. 寝床の改善
9. トイレの確保・管理	13. 衣類　　14. 入浴
ニーズへの対応	
15. 配慮が必要な方への対応	17. 防犯対策
16. 女性・子どもへの配慮	18. ペットへの対応
避難所の解消	
19. 避難所の解消に向けて	

④ 内閣府による避難所運営ガイドラインの項目

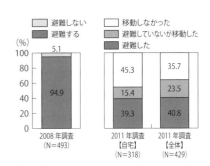

⑤ 避難に関する事前の意識と実際の行動
（千葉県御宿町での調査より）

知っている経路を使う	日常的に利用している廊下や階段を使って避難しようとする。
入って来た経路を戻る	よく知らない建物や初めて訪れた場所では、入って来た経路を戻って避難しようとする。
明るい方向へ向かう（向光性）	廊下の左右を比べたとき、一方の側が明るければ、多くの人は明るい方の経路を選択する。
開かれた方向へ向かう（向開放性）	狭い廊下より広い廊下、ホールの方へ避難しようとする。
目につく方向へ向かう	最初に目についた経路、よく目立つ経路から避難しようとする。
まっすぐ進む（直進性）	まっすぐの階段や通路を選ぶ、あるいは突き当たるまで直進する。
近い経路に向かう	最も近い出口や階段から避難しようとする。
他に追従する	周りの人が避難する方向と同じ方向に避難しようとする。

⑥ 避難経路の選択傾向

⑦ 応急危険度判定のステッカー

仮住まい

◆◆ 学習のねらい ◆◆
被災などにより元の住まいに住み続けられなくなった場合、仮の住まいが必要となります。ここでは、仮住まいの選択肢や特徴、そこでの暮らしについて考えてみましょう。

1 仮住まいの選択肢

1. 住宅種別と公的支援

　自宅が被災し元の住まいに住み続けられなくなった場合、仮の住まいが必要となります。わが国では自らの資力で仮住まいを確保することが難しい場合、災害救助法にもとづき、公的な支援を受けることができます。

　罹災判定が半壊や大規模半壊の場合、被災した自宅の応急修理が主な選択肢としてあげられ、全壊の場合は行政から提供される**応急仮設住宅**への入居が主な選択肢としてあげられます。応急仮設住宅にはプレハブや木造の住棟が立ち並んだ**建設型**と、アパートなどの民間賃貸住宅を利用した**借上型**があります（①）。借上型の応急仮設住宅は、一般的には「みなし仮設住宅」とも呼ばれ、東日本大震災以降の災害で多く供給されており、家賃上限などの規定もあります。この他には既存の公営住宅の空き室への入居が認められる場合もあります。自力で住まいを確保する場合、親戚や知人宅への間借り、家賃を支払い民間賃貸住宅へ入居するといった対応が想定されます。

2. 避難の広域化

　福島第一原発事故による避難のように、全国各地で長期的に避難生活を送ることもあります。首都直下地震や南海トラフ地震といった将来的な大規模災害では、被災地だけで必要な仮住まいを確保することが難しいため、自治体をまたぎ広域にわたって仮住まいを確保することが予測されています。東日本大震災では、避難先の自治体や支援団体が情報支援や生活支援を実施するといった動きも見られました。

① 応急仮設住宅（上：建設型、下：借上型）

2 仮住まいでの暮らし

　応急仮設住宅の場合、建設型・借上型共に家賃はなく無償での提供となりますが、水道光熱費等は入居者の自己負担となります。東日本大震災では、日本赤十字社から生活家電6点セット（洗濯機、冷蔵庫、テレビ、炊飯器、電子レンジ、電気ポット）が応急仮設住宅に支給されています。応急仮設住宅の供与期間は原則として2年間と定められていますが、災害の規模や復興の進捗状況に応じて延長措置が取られ、東日本大震災では10年に及んだケースもあります。

　応急仮設住宅（建設型）では住宅の戸数に応じて集会所や談話室が設置され、イベントや交流サロンが開催されるなど、入居者の交流拠点となっています。東日本大震災では、高齢者などを対象としたサポート拠点が応急仮設住宅（建設型）の団地内外に設置され、生活相談支援や

② 応急仮設住宅（建設型）の住みこなし

③ コミュニティケア型仮設住宅（岩手県釜石市）

各種サービスが提供されています。サポート拠点を中心として、応急仮設住宅（借上型）の入居者も支援の対象としている地域もあります。

　仮住まいでは、馴染みのない地域で新たに知り合う人と一緒に生活を送ることになります。建設型の応急仮設住宅では暮らしのルールづくりのため自治会を結成することが一般的です。また、自分で収納棚をつくる、玄関先で植物を育てるといった「住みこなし」（②）は、住民の交流のきっかけや住環境の向上につながるため、重要であることが指摘されています。

3 進化する応急仮設住宅（建設型）

　応急仮設住宅（建設型）の規模について、これまでは1戸あたり29.7㎡（9坪）が基本とされていましたが、2017年以降は地域の実情や世帯構成等に応じて設定することが定められ、面積要件は実質的に撤廃されています。応急仮設住宅は、単に住戸の供給にとどまらず、住環境をいかにデザインするか、退去後の利用想定といった幅広い視点からアップデートされています。

　2011年の東日本大震災で自治体と大学との共同により導入されたコミュニティケア型仮設住宅（③）では、入居者の属性に応じた3つのゾーン（一般・ケア・子育て）が設定されています。高齢者等を対象とした「ケアゾーン」では、屋根付きのウッドデッキが設置され、バリアフリー化や入居者同士の交流に対する配慮がなされています。「子育てゾーン」は、遊具のある広場に面し、子どもの様子を見守りやすい配置になっています。

④ 木造・RC基礎の応急仮設住宅（熊本県）

　2016年の熊本地震では、ゆとりのある配置計画や住戸と駐車場の配置など、応急仮設住宅（建設型）の設計上の要点が複数定められています。地元業者によって建設された木造の住宅（④）では、従来の木杭ではなくRC基礎が採用されたことで、居住性能の向上に加え、公的住宅への転用が期待されています。

　2018年の北海道胆振東部地震では、農家や酪農家といった自宅から離れられない事情のある世帯を対象に、自宅敷地にトレーラーハウス等を設置するタイプの応急仮設住宅が登場しています。地域の特徴や被災者のライフスタイルに合わせた仮住まいを提供する動きが見られます。

住まいの再建/復興

◆◆ 学習のねらい ◆◆

仮住まいの後は、住まいの再建のフェーズに移ります。ここでは、住まい再建の選択肢や特徴的な事例について学びます。

1 住まい再建の選択肢

1. 支援制度の種類

被災により住まいを失い、自ら住宅を確保することが困難な人に対し、地方自治体が提供する低廉な家賃の公営住宅を災害公営住宅といいます。罹災判定が全壊の世帯を主な対象としており、東日本大震災では大規模半壊や半壊の判定を受け、やむを得ず解体した場合も対象としています。災害公営住宅の家賃は世帯の収入や入居する住宅の形式や広さによって異なります。

新たに住宅を取得した場合や民間賃貸住宅へ入居、自宅を補修した場合も行政から金銭面でのサポートを受けられることがあります。被災者生活再建支援法にもとづき、住宅の再建方法に応じて支給される支援金を加算支援金と呼び、自宅が全壊や大規模半壊の判定を受けた世帯が主な対象となります（①）。これに加え、東日本大震災では復興基金を原資とした自治体独自の住宅再建支援制度が登場しています。被災者の実情に合わせたきめ細かな対策として、一部の自治体においては、二重ローンの対策費用や転居費の支給、加算支援金と併用可能な住宅再建支援金などのメニューが設けられています。

2. 住まい再建の情報獲得に向けて

東日本大震災では、複数の被災者支援制度を取りまとめたガイドブックが各県で作成されています。特に、各種支援制度は罹災判定や収入要件といった利用条件が定められている場合があるため、事前によく確認しておくことが重要です。また、住まいの再建の時期や選択には、復興事業の進捗状況や宅地整備の方針がかかわることもあります。必要な情報が行きわたったうえで、選択の判断ができるような体制が求められます。

2 災害公営住宅の計画上の工夫

1995年の阪神・淡路大震災では復興過程におけるコミュニティへの配慮の欠如から「孤独死」が大きな問題となりました。過去の教訓を踏まえ、2011年の東日本大震災の後に建設された災害公営住宅の一部においては、日常生活の中で人との交流が自然に生まれるよう、リビングが共用廊下側に位置するリビングアクセス型のプランが採用されています（②③）。また、災害公営住宅に併設する集会所で食堂やイベントを開催するといった取組みもあります。集会所の内部の様子が分かるよう、集会所の入り口をガラス扉にする、エントランス・ロビーに隣接した配置にするといった設計上の工夫も重要になります（④）。

住宅の再建方法	建設・購入	補修	賃貸（公営住宅以外）
支給額	200万円	100万円	50万円

＊単数世帯（世帯構成人数が1名）の場合、3/4の額が支給

① 加算支援金の支給額（東日本大震災）

② リビングアクセスが取り入れられた災害公営住宅（岩手県釜石市）

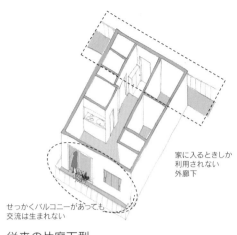

家に入るときしか
利用されない
外廊下

せっかくバルコニーがあっても、
交流は生まれない

従来の片廊下型

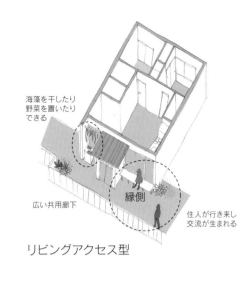

海藻を干したり
野菜を置いたり
できる

広い共用廊下

縁側

住人が行き来し
交流が生まれる

リビングアクセス型

③ リビングアクセス型の災害公営住宅の概念図

④ 災害公営住宅のエントランス・ロビーから見た集会所
イベントの様子（宮城県仙台市）

⑤ 復興モデル住宅（手前）と災害公営住宅（奥）（新潟県
長岡市山古志地域）

3 地域の特色を活かした住まい再建

　2004年の新潟県中越地震で被害を受けた長
岡市山古志地域では、地区の伝統的な住様式や
豪雨の備え、地元の産業の活性化などを強化し
た低コストで実現可能な復興モデル住宅が提案
され、災害公営住宅や個人の再建住宅に取り入
れられました。地元の産材を利用し、棚田の風景
に馴染む外観など、地域の特徴や風土を反映し
た意匠となっています（⑤）。

　2011年の紀伊半島豪雨で土砂災害のあった奈
良県十津川村では、既存の福祉施設の隣に、高
齢者向けの村営住宅や交流拠点を集約して建設
しています。高齢者は山間集落にある元の自宅を
所有したまま、高齢者向け住宅に入居することが
可能です。災害を契機として、個々の集落で別々

⑥ 村内移住が可能な高齢者向け住宅（奈良県十津川
村）

に暮らしていた高齢者が、村内で互いに支え合っ
て暮らすという、新たな住まい方が実現されてい
ます（⑥）。

出典リスト

1-1　近代の日本の住まい
①②④⑧⑪㉖　大岡敏昭『住空間の計画学』相模書房、1998
③　杉浦日向子『一日江戸人』新潮社、2005
⑦⑫〜⑭　西山夘三『すまい考今学』彰国社、1989
⑨　内田青蔵『あめりか屋商品住宅』住まいの図書館出版局、1987
⑩⑫　鈴木成文『住まいを読む』建築資料研究社、1999

1-2　生活様式の変化と住まい
①　木村徳国「明治時代の住宅改良と中廊下形住宅様式の成立」（北海道大学工学部研究報告）1959
③④　小泉和子ほか『占領軍住宅の記録』住まいの図書館出版局、1999
⑤　西山夘三『すまい考今学』彰国社、1989
⑥　北川圭子『ダイニングキッチンはこうして誕生した』技報堂出版、2002

1-3　家族の変容と住まい
①　西山夘三『これからのすまい』相模書房、1947
②③　住宅建設五箇年計画
④　昭和60年以前は厚生省「厚生行政基礎調査」、昭和61年以降は厚生労働省「国民生活基礎調査」
⑤⑥　日本建築学会住宅小委員会編『事例で読む現代集合住宅デザイン』彰国社、2004
⑦⑧　建築思潮研究社編『建築設計資料96　コーポラティブハウス』建築思潮研究社、2004

1-4　人にとっての住まいの意味
①　東京大学原研究室「住居集合論5」（『ＳＤ』別冊No.12）1979
②　熊本大学環地中海建築調査団『続地中海建築』鹿島出版会、1973
③　茶谷正洋ほか「住居の構法と集落の形態に関する研究」住宅研究所報、1980
④　茶谷正洋「原始住居の類型を探る」（『ディテール』62）
⑤　八木幸二「シリアの住宅分析」（『Process Architecture 15』）1980
⑥　Bergmann, Alois : Fachwerkbauten in der Oberpfalz Bd.2 (1975), Michael Lassleben Ḱallmünz
⑦　「重要文化財真山家住宅修理工事報告書」財団法人文化財建造物保存技術協会、1977
⑨　「小規模グループ複合型老人施設の建築空間条件および介護システムに関する調査報告」東京都老人総合研究所、1997
⑩　Douglas Fraser : Village Planning in the Primitive World, George Braziller, 1968
⑪　清水郁郎「北タイ・アカの家屋に関する研究」（総合研究大学院大学学位論文）2000
⑬　野外民族博物館リトルワールド復元図
⑭　西山夘三『すまい考今学』彰国社、1989
⑮　境美由姫「アラブ中庭型住居の空間構成と住まい方に関する研究」（芝浦工業大学修士論文）2001
⑯　宮脇檀建築研究室（『眼を養い　手を練れ　宮脇檀住宅設計塾』彰国社、2003）
⑰　社団法人シルバーサービス振興会編「老人保健福祉施設建設マニュアル　生活視点の高齢者施設　1.理念編」
　　K.Dovey, Home and homelessness, Home environment, human behavior and environment vol.8, Plenum Press, 1985

2-1　生活行為と生活時間
①　総務省統計局「社会生活基本調査」
②　総務省統計局「社会生活基本調査」より作成
③　後藤久ほか編著『住居学』朝倉書店、2003
⑥⑦　総務省統計局

2-2　住まいの単位とモジュール
①　小原二郎・加藤力・安藤正雄編『インテリアの計画と設計　第二版』彰国社、2000
⑦　『朝日百科　日本の歴史 vol.5』より作成
⑨⑩⑫　日本建築学会『第2版コンパクト建築設計資料集成＜住居＞』丸善、2008より作成（⑫のh、iは除く）

2-3　公的空間と私的空間の計画
①　西山夘三『すまい考今学』彰国社、1989
②　上野千鶴子『家族を容れるハコ　家族を超えるハコ』平凡社、2003
③　サザエさん40周年記念SPより作成
⑤　清家清『「私の家」白書』住まいの図書館出版局、2000

2-4　縁側、中庭、廊下―中間領域の必要性
①　日本生活学会『住まいの100年』ドメス出版、2002
②　岡本美樹『オーストラリア初期建築探訪』丸善、2000
④　Stefan Muthesius : The English Terraced House, Yale University, 1982
⑥　Heino Engle : Measure and Construction of the Japanese House, Tuttle CO., Inc, 1985
⑪　木村徳国「明治時代の住宅改良と中廊下形住宅様式の成立」（北海道大学工学部研究報告）1959

2-5　住まいの領域
①　中根千枝『適応の条件』講談社、1972
②　西山夘三『すまい考今学』彰国社、1989
③　池辺陽『すまい（岩波婦人叢書）』岩波書店、1954
④⑥　図解住居学編集委員会編『図解住居学 2　住まいの空間構成』彰国社、2000
⑪　山本理顕『住居論』住まいの図書館出版局、1993

2-6　住まいの安全と健康
①　WHO国際生活機能分類より作成
②　国土交通省説明資料より
③　UR都市機構HPより抜粋
④　新建築2015.2より抜粋
⑤　厚生労働省資料より抜粋
⑥⑦　消費者庁資料より抜粋
⑧　消防庁資料より抜粋
⑨　東京消防庁資料より抜粋

3-1　住まいとインテリア
②〜⑤　『インテリアコーディネータハンドブック（技術編）』インテリア産業協会
⑥⑧〜⑩　渡辺秀俊編『インテリア計画の知識』彰国社、2008
⑦　日本建築学会編『コンパクト版設計資料集成＜インテリア＞』丸善

3-2　家具の人間工学
①〜⑩　渡辺秀俊編『インテリア計画の知識』彰国社、2008

4-1　住まいのメンテナンス
①　新建設市場予測検討委員会「新建設市場の将来予測〜ストック有効活用型社会の新たな市場の展望〜報告書（概要）」1998
②　国土交通省住宅局監修『長持ち住宅の手引き』ベターリビング
③　山崎古都子編著『住居の社会的管理に向けて』都市文化社、1998
④　住宅金融支援機構「マイホーム維持管理ガイドライン」より作成
⑤　「住宅履歴情報の整備検討について（平成19〜21年度）」国土

交通省HP

4-2　リハウスとリフォーム
① 国立社会保障・人口問題研究所　第8回人口移動調査(2016年実施)より作成
② 『朝日新聞』1973.1.3(上田篤研究室)
③ 『日本経済新聞』2007.2.25(上田篤研究室)
④ 図解住居学編集委員会『図解住居学1　住まいと生活　第二版』彰国社、2011
⑤ 国土交通省「改修によるマンション再生手法に関するマニュアル」2004

4-3　空き家対策と利活用
総務省「住宅・土地統計調査」
④ 渋谷区空家等対策計画より

トピック　10年間の住まいの変化
②③ 内閣府「第6回新型コロナウイルス感染症の影響下における生活意識・行動の変化に関する調査」(令和5年4月19日)

5-1　子育て世代の住まい
① 日本家政学会編『家政学シリーズ5　子どもの発達と家庭生活』1988
　図解住居学編集委員会編『図解住居学　住まいと生活』2011
　林知子・大井絢子・林屋雅江・前島諒子・塚原領子『図説住まいの計画　住まい方から住空間をデザインする』彰国社、2011より作成
② キッズデザイン賞を受賞したハウスメーカーの提案より作成
③ 厚生労働省「保育を取り巻く状況について」(令和3年5月26日)
④ 厚生労働省「配偶関係別女性の年齢階級別労働力率の推移」
⑤ 原田正文『子育ての変貌と次世代育成支援　―兵庫レポートに見る子育て現場と子ども虐待予防』名古屋大学出版会、2006
　岩田美香「『育児不安』研究の限界 : 現代の育児構造と母親の位置」(『教育福祉研究』3、pp.27-34)1997より作成

5-2　子どもと親の特別な住まい
① 平成19年国民生活基礎調査
② 1952−2021年全国母子(ひとり親)世帯等調査より筆者作成
③ 全国ひとり親世帯等調査・2021年より作成
④ 令和2年国勢調査より作成
⑤⑥ 令和3年全国ひとり親世帯等調査
⑦ 事業者提供図面より筆者作成
⑩ R4全国母子生活支援施設基礎調査報告書より作成

5-3　子どものための社会的住まい
⑨⑩ 児童養護施設入所児童等調査の概要(平成30年2月1日現在)、厚生労働省子ども家庭局厚生労働省社会援護局障害保健福祉部、令和2年1月

6-1　単身者の住まい―シェアハウス
① シェア住居の分類と特徴は、筆者らの調査結果(現地調査 78件、Web検索 507件)より作成
③ 平成2、7、12、17、22、27年、令和2年の国勢調査を基に、筆者らが新たにシェア居住世帯数を集計
④ 住宅・土地統計調査(昭和 58年、平成5、15、20、25、30年)より筆者が作成
⑧ 筆者らが2005年実施したシェアハウス調査より(50住宅 783名の居住者へのアンケート；回収 112票)

6-2　血縁に依らない家族の住まい―コレクティブハウジング
⑤ 小谷部育子「コレクティブハウジング(共生型集住)の研究」より作成

⑨ 小谷部育子『コレクティブハウジングで暮らそう』丸善、2004

6-3　同居・隣居・近居・別居
① 上和田茂「親子のサポート住居の様相」(『すまいろん』2011年冬号、第97号、p.12、図1)住宅総合研究財団、2011
② 国土交通省住宅局「平成30年住生活総合調査結果」p.94 図67より一部抜粋して作成
③ 旭化成ホームズ くらしノベーション研究所 二世帯住宅研究所 調査研究報告書「家族の多様化で進む二世帯シェア〜食事は一緒 くつろぎは別々の自立したくらし〜」(2020年)より作成
④ 日本建築学会編『コンパクト建築設計資料集成＜住居＞』丸善、p.57、1991
⑤ 旭化成ホームズ「HEBEL HAUS 二世帯住宅　総合カタログ」p.20-21
⑥ 国勢調査時系列データより作成
⑦ 国立社会保障・人口問題研究所「第5回全国家庭動向調査 現代日本の家族変動」および「第6回全国家庭動向調査」より作成
⑧ 金貞均「ネットワーク居住」(『すまいろん』2011年冬号、第97号、p.8、図1)住宅総合研究財団、2011

7-1　障害のある人を配慮した住環境整備
①②③④ 東京商工会議所 編『福祉住環境コーディネーター検定試験 2級テキスト 改訂4版』東京商工会議所、2016
⑤ 東京商工会議所 編『福祉住環境コーディネーター検定試験 1級テキスト 改訂6版』東京商工会議所、2022
⑥⑦ 丹羽太一、丹羽菜生 編『体験的ライフタイム・ホームズ論 車椅子から考える住まいづくり』彰国社、2016

7-2　障害のある人の共同の住まい
⑪⑫ 日本建築学会編『コンパクト建築資料集成＜インテリア＞』p.137、丸善

8-1　高齢者や生活困窮者の住まいの全体像
① 児玉桂子編「高齢者居住環境の評価と計画(上)」p.69、中央法規
　井上由起子「医療・高齢者施設行政史」(『医療福祉建築』145号　p.28)日本医療福祉建築協会、2004　を加筆
③④ 総務省「住宅・土地統計調査」2018

8-2　自宅に暮らす
① 厚生労働省HPより作成
② (株)地域総合設計
③ 厚生労働省HPより作成

9-2　災害への備え
② 世田谷区「世田谷区　洪水・内水氾濫ハザードマップ(多摩川洪水版)」2023
④ 諌川輝之、泉磨理菜「水害リスクが居住地選択に及ぼす影響―東松山市高坂地区の居住誘導区域を対象として―」日本建築学会計画系論文集、Vol.87、No.797、pp.1249-1258、2022
⑥ 国土交通省HP「水害対策を考える」より作成

9-3　災害時の避難
④ 内閣府(防災担当)『避難所運営ガイドライン』2016より作成
⑤ 諌川輝之、村尾修、大野隆造「津波発生時における沿岸地域住民の行動―千葉県御宿町における東北地方太平洋沖地震前後のアンケート調査から―」日本建築学会計画系論文集、Vol.77、No.681、pp.2525-2532、2012
⑥ 萩原一郎「環境と行動(火災時の避難行動)」高橋鷹志、長澤泰、西出和彦編『環境と空間』朝倉書店、1997などより作成

9-4　仮住まい
③ 大月敏雄『町を住みこなす』岩波書店、p149、図4-2、2017

9-5 住まいの再建/復興
① 内閣府WEBページ、防災情報のページ「被災者生活再建支援法の概要」より作成（最終アクセス2023年7月14日）

参考文献・推薦図書

1-1 近代の日本の住まい
鈴木成文ほか『「51C」家族を容れるハコの戦後と現在』平凡社、2004
鈴木成文『住まいを読む』建築資料研究社、1999
鈴木成文『五－C白書』住まいの図書館出版局、2006
大岡敏昭『住空間の計画学』相模書房、1998
宮本常一『日本人の住まい』農山漁村文化協会、2007
内田青蔵『あめりか屋商品住宅』住まいの図書館出版局、1987
日本生活学会『住まいの100年』ドメス出版、2002
西山夘三『復刻版これからのすまい』相模書房、2011
西山夘三『すまい考今学』彰国社、1989
平井聖『図説　日本住宅の歴史』学芸出版社、1980
黒沢隆『個室群住居』住まいの図書館出版局、1997
日本建築学会『第2版コンパクト建築設計資料集成（住居）』丸善、2008
田辺淳吉「西豪州の住家」（『建築雑誌』NO.253）1908
太田博太郎『住宅近代史』雄山閣、1969
内田青蔵、大川三雄、藤谷陽悦『図説・近代日本住宅史』鹿島出版会、2008
Robin Boyd, Kenzo Tange: George Braziller, 1962
日本生活学会『台所の100年』ドメス出版、1999
清家清『「私の家」白書』住まいの図書館出版局、2000

1-2 生活様式の変化と住まい
小泉和子ほか『占領軍住宅の記録』住まいの図書館、1999
木村徳国「明治時代の住宅改良と中廊下形住宅様式の成立」（北海道大学工学部研究報告）1959
北川圭子『ダイニング・キッチンはこうして誕生した』技報堂出版、2002
内田青蔵、大川三雄、藤谷陽悦『図説・近代日本住宅史』鹿島出版会、2008
西山夘三『すまい考今学』彰国社、1989
日本生活学会『台所の100年』ドメス出版、1999

1-3 家族の変容と住まい
篠原聡子ほか『変わる家族と変わる住まい』彰国社、2003
鈴木成文『五－C白書』住まいの図書館出版局、2006
鈴木成文ほか『「51C」家族を容れる箱の戦後と現在』平凡社、2004
日本建築学会住宅小委員会編『事例で読む現代集合住宅のデザイン』彰国社、2004
日本建築学会編『コンパクト建築設計資料集成　インテリア』丸善株式会社、2011
建築思潮研究社編『建築設計資料96コーポラティヴハウス』建築思潮研究社

1-4 人にとっての住まいの意味
日本建築学会『第2版コンパクト建築設計資料集成（住居）』　丸善、2008
西山夘三『すまい考今学』彰国社、1989
鈴木成文『住まいの計画・住まいの文化』彰国社、1988
藤原智美『家族を「する」家』プレジデント社、2000
延藤安弘『こんな家に住みたいナ　絵本にみる住宅と都市』晶文社、1983
布野修司『世界住居誌』昭和堂、2005

2-1 生活行為と生活時間
伊藤セツ・天野寛子編『生活時間と生活様式』光生館、1989

2-2 住まいの単位とモジュール
ル・コルビュジエ『モデュロールⅠ、Ⅱ』鹿島出版会、1976

遠藤勝勧『スケッチで学ぶ名ディテール』日経PB社、2009
日本建築学会『第2版コンパクト建築設計資料集成（住居）』丸善、2008
黒沢隆『個室群住居』住まいの図書館、1997
Heino Engle : Measure and Construction of the Japanese House, Tuttle CO., Inc, 1985

2-3　公的空間と私的空間の計画
西山卯三『すまい考今学』彰国社、1989
上野千鶴子『家族を容れるハコ　家族を超えるハコ』平凡社、2003
鈴木成文ほか『「51C」家族を容れるハコの戦後と現在』平凡社、2004
清家清『「私の家」白書』住まいの図書館出版局、2000
竹山聖『独身者の住まい』廣済堂出版、2002

2-4　縁側、中庭、廊下―中間領域の必要性
大andor敏昭『日本の住まい その源流を探る』相模書房、2009
木村徳国『明治時代の住宅改良と中廊下形住宅様式の成立』（北海道大学工学部研究報告）1959
日本建築学会『第2版コンパクト建築設計資料集成（住居）』丸善、2008
岡本美樹『オーストラリア初期建築探訪』丸善、2000
Heino Engle : Measure and Construction of the Japanese House, Tuttle CO., Inc , 1985
西沢文隆『すまう（西沢文隆の仕事）』鹿島出版会、1988
Stefan Muthesius : The English Terraced House, Yale University, 1982
やましたひでこ『断捨離』マガジンハウス、2010
細野透『ありえない家』日本経済新聞社、2004

2-5　住まいの領域
鈴木成文『「いえ」と「まち」』鹿島出版会、1984
鈴木成文他『「51C」家族を容れるハコの戦後と現在』平凡社、2004
小林秀樹『集住のなわばり学』彰国社、1992
西山卯三『住まい考今学』彰国社、1989
中根千枝『適応の条件』講談社、1972
山本理顕『住居論』住まいの図書館出版局、1993
黒沢隆『個室群住居』住まいの図書館出版局、1997
ロバート・ギフォード『環境心理学　原理と実践』北大路書房、2005
ジョン・ラング『建築理論の創造　環境デザインにおける行動科学の役割』鹿島出版会、1992

2-6　住まいの安全と健康
児玉桂子ほか『高齢者居住環境の評価と計画』、中央法規、1998
日本建築学会『空き家・空きビルの福祉転用　地域資源のコンバージョン』学芸出版社、2012

3-1　住まいとインテリア
小原二郎、内田祥哉、宇野英隆編『建築・室内・人間』鹿島出版会、1969
インテリア大事典編集委員会（編集代表：小原二郎）『インテリア大事典』彰国社、1988
小原二郎・加藤力・安藤正雄編『インテリアの計画と設計　第二版』彰国社、2000
小原二郎監修、渡辺秀俊・岩澤昭彦著『インテリアの人間工学』産調出版、2008

3-2　家具の人間工学
小原二郎、所荘吉、渡辺優、國吉恵梨子編著『インテリア学辞典』彰国社、1995

日本建築学会編『建築人間工学事典』彰国社、1999
日本建築学会編『建築設計資料集成〔拡張編〕人間』丸善、2003
日本建築学会編『コンパクト建築設計資料集成 ＜インテリア＞』丸善、2011
渡辺秀俊編『インテリア計画の知識』彰国社、2008

4-1　住まいのメンテナンス
山崎古都子編著『住居の社会的管理に向けて』都市文化社、1998
図解住居学編集委員会編『図解住居学6　住まいの管理』彰国社、2003
疋田洋子編著『ずっと、この家で暮らす。住まいの管理がつむぐ美しい生活』圓津喜屋、2009

4-2　リハウスとリフォーム
平山洋介『住宅政策のどこか問題か〈持家社会〉の次を展望する』光文社、2009
沖田富美子、井上恵子、金子智子『住宅リフォーム計画』学芸出版社、2006

5-1　子育て世代の住まい
足立巳幸『知っていますか子どもたちの食卓―食生活からだと心がみえる』日本放送出版協会、2000
内閣府少子化社会対策会議「新しい少子化対策について」会議資料、2006年6月20日
日本家政学会編『家政学シリーズ5　子どもの発達と家庭生活』p.74-79、146-151、1988
図解住居学編集委員会編『図解住居学　住まいと生活』p.61、2011
林知子・大井絢子・林屋雅江・前島諒子・塚原領子『図説住まいの計画　住まい方から住空間をデザインする』p.124-128、彰国社、2011
国土交通省国土交通政策研究所「子育てに適した居住環境に関する研究」国土交通政策研究第92号
原田正文『子育ての変貌と次世代育成支援　一兵庫レポートに見る子育て現場と子ども虐待予防』名古屋大学出版会、2006
中国新聞「子育て世帯、相次ぎ転入　坂町人口7.0％増」2011年1月22日付
池本美香『失われる子育ての時間　少子化社会脱出への道』勁草書房、2003
北浦かほる『世界の子ども部屋―子どもの自立と空間の役割』井上書院、2004
四十万靖・渡辺朗子『頭のよい子が育つ家』日経BP社、2006
北浦かほる・辻野増枝編著『台所空間学事典―女性たちが手にしてきた台所とそのゆくえ』彰国社、2002

5-2　子どもと親の特別な住まい
葛西リサ『母子世帯の居住貧困』日本経済評論社、2017
葛西リサ『住まい＋ケアを考える、―シングルマザー向けシェアハウスの多様なカタチ―』西山夘三記念すまいまちづくり文庫、2018
厚生労働省「令和2年度福祉行政報告例」2023
社会福祉法人全国社会福祉協議会全国母子生活支援施設協議会「令和4年度全国母子生活支援施設基礎調査報告書」2023

5-3 子どものための社会的住まい
厚生労働省子ども家庭局家庭福祉課「社会的養育の推進に向けて」令和4年3月31日
石垣文『子どもの暮らす施設の環境―これからの児童養護のかたち』東北大学出版会、2012
小木曽宏編『児童福祉施設における性的問題対応ハンドブック』生活書院、2022
村井美紀・小林英義編著、遠藤浩・小木曽宏、山田勝美著『虐待を受けた子どもへの自立支援―福祉実践からの提言』中央法規、2002
全国自立援助ホーム協議会「2020年度全国自立援助ホーム実態調

査報告書」2021.3
高橋亜美・早川悟司・大森信也『子どもの未来をあきらめない 施設で育った子どもの自立支援』明石書店、2015

6-1　単身者の住まい—シェアハウス
日本住宅会議編集『若者たちに「住まい」を！−格差社会の住宅問題（岩波ブックレット No.744）』、岩波書店、2008
日本建築学会編集『現代集合住宅のリ・デザイン―事例で読む "ひと・時間・空間"の計画』、彰国社、2010
日本建築学会編集『フィールドに出かけよう！』、風響社、2012
丁志映・小林秀樹「都心部における単身者向けのシェア居住に関する研究―ゲストハウスの選択理由と規模別による共用空間の使われ方―」(都市住宅学、No.63、pp.75-80)、2008
三澤英治・丁志映「日本のシェアハウスの独自基準と空間的要素に着目した既存ストックの活用可能性―各国におけるシェアハウスの居住水準に関する研究その1」(日本建築学会計画系論文集、第759号、pp.1039-1047)2019

6-2　血縁に依らない家族の住まい—コレクティブハウジング
小谷部育子『コレクティブハウジングの勧め』丸善、1997
小谷部育子『コレクティブハウジングで暮らそう』丸善、2004
小谷部育子＋住総研コレクティブハウジング研究委員会『第3の住まい―コレクティブハウジングのすべて―』エクスナレッジ、2012
Dorit Fromm:Collaborative Communities,1991
Dick Urban Vestbro (editor):Living together-Cohousing Ideas and Realities Around the World,2010

6-3　同居・隣居・近居・別居
「特集＝近居・隣居のススメ」(『すまいろん』2011年冬号、第97号、住宅総合研究財団)2011
篠原聡子・大橋寿美子・小泉雅生+ライフスタイル研究会編著『変わる家族と変わる住まい＜自在家族＞のための住まい編』彰国社、2002
金貞均、近江隆「現代家族の分散居住の実態と居住ネットワークの形成」(日本建築学会計画系論文集、第456号、pp.209-216)1994
近江隆、金貞均、小倉啓太「ネットワーク居住の成立形態と住機能の変化」(日本建築学会計画系論文集、第468号、pp.161-169)1995
上和田茂、鳥飼香代子、山田英代、付開楠「準近居の存在からみた老親世帯の自立と支援を止揚するサポート居住の動向　親子の居住関係を軸とする高齢者のサポート構造に関する研究　その1」(日本建築学会計画系論文集、第566号、pp.9-16)2003
大月敏雄+住総研編著『近居　少子高齢社会の住まい・地域再生にどう活かすか』学芸出版社、2014

7-1　障害のある人を配慮した住環境整備
住宅総合研究財団編『自分らしく住むためのバリアフリー』岩波書店
沖田富美子ほか『住宅リフォーム計画』学芸出版社、2006
浅沼由紀ほか『新版 福祉住環境』市ヶ谷出版社、2008

9-2　災害への備え
諫川輝之、泉磨理菜「水害リスクが居住地選択に及ぼす影響―東松山市高坂地区の居住誘導区域を対象として―」日本建築学会計画系論文集、Vol.87、No.797、pp.1249-1258、2022
大野隆造編『地震と人間』、朝倉書店、2007
東京都総務局総合防災部防災管理課『東京防災』、2015

9-3　災害時の避難
木村玲欧『災害・防災の心理学―教訓を未来につなぐ防災教育の最前線』、北樹出版、2015
諫川輝之、村尾修、大野隆造「津波発生時における沿岸地域住民の行動―千葉県御宿町における東北地方太平洋沖地震前後のアン

ケート調査から―」、日本建築学会計画系論文集、Vol.77、No.681、pp.2525-2532、2012
広瀬弘忠『人はなぜ逃げおくれるのか―災害の心理学』集英社、2004
内閣府（防災担当）『避難所運営ガイドライン』、2016

9-4　仮住まい
岩佐明彦『仮設のトリセツ』主婦の友社、2012
大月敏雄『町を住みこなす』岩波書店、2017
冨安亮輔・大月敏雄・西出和彦・齊藤慶伸「高齢者等のサポート拠点の計画指針策定に向けた基礎的研究」日本建築学会計画系論文集、Vol.79 No.702、pp.1853-1861、2014
渕上貴代・河村悠希・末廣香織「平成28年熊本地震における木造仮設住宅の転用に関する研究 ： 木造又はプレハブの選択経緯」都市・建築学研究、vol.36、pp. 11-18、2019
坂下航徳・森傑・野村理恵「移設型仮設住宅を用いた被災者の私有地における生活再建の特徴―平成30年北海道胆振東部地震による導入事例を対象として―」人間・環境学会誌、Vol.24、No.1、p.49、2021

9-5　住まいの再建/復興
岩手県『暮らしの安心ガイドブック』2020
宮城県『みやぎ被災者生活支援ガイドブック』2020
小野田泰明・佃悠・鈴木さち『復興を実装する』鹿島出版会、2021
小野田泰明・佃悠『新建築2016年8月別冊：集合住宅の新しい文法 東日本大震災復興における災害公営住宅』新建築社、2016
益尾孝祐・後藤治・三井所清典「復興まちづくりにおける地域型住宅の供給戸数からみた自立再建住宅支援の生産システムに関する比較研究」日本建築学会計画系論文集、vol.82、No.735、pp.1187-1197、2017

写真撮影・提供

1-1　近代の日本の住まい
⑱　平山忠治
⑳　彰国社写真部
㉔　多木浩二
㉕　彰国社写真部

2-3　公的空間と私的空間の計画
⑥　仲俊治

2-4　縁側、中庭、廊下—中間領域の必要性
⑫　保坂猛

5-3　子どものための社会的住まい
⑪　まきばフリースクール

7-2　障害のある人の共同の住まい
③⑧　飯野建築工房
⑩　トムコ設計（『医療福祉建築』171号　p.13）日本医療福祉建築
　　協会、2011

8-4　施設に暮らす
①　石井敏

9-3　災害時の避難
③　大野隆造

9-4　仮住まい
①　上:岩佐明彦、下:東北工業大学建築学部新井信幸研究室
②　岩佐明彦
④　大月敏雄

9-5　住まいの再建/復興
②　提供:千葉学建築計画事務所　撮影:繁田諭
③　東北大学小野田・佃研究室
④　東北工業大学建築学部新井信幸研究室
⑤　アルセッド建築研究所
⑥　奈良県十津川村

水村容子（みずむらひろこ）
[1-3、2-1、4-3、トピック]
1966年　東京都生まれ
1990年　日本女子大学家政学部住居学科卒業
1992年　日本女子大学大学院家政学研究科住居学専攻修了
1994年　スウェーデン政府給費生・王立工科大学客員研究員（1996年3月まで）
1998年　日本女子大学大学院人間生活学研究科修了
1998年　早稲田大学理工学総合研究センター客員研究員
1999年　群馬松嶺福祉短期大学専任講師
2006年　東洋大学ライフデザイン学部人間環境デザイン学科助教授
2011年　東洋大学ライフデザイン学部人間環境デザイン学科教授
2012年　王立工学大学客員研究員
2023年4月　東洋大学福祉社会デザイン学部人間環境デザイン学科教授
現在に至る
博士（学術）

井上由起子（いのうえゆきこ）
[8-1、8-2、8-3、8-5]
1966年　イギリス生まれ
1990年　日本女子大学家政学部住居学科卒業
1990年　清水建設入社（1994年まで）
2000年　横浜国立大学工学研究科修了
2001年　国立保健医療科学院（旧国立医療・病院管理研究所）主任研究官
2012年　日本社会事業大学専門職大学院准教授
2014年　同　教授
現在に至る
博士（工学）、1級建築士、社会福祉士

渡邉美樹（わたなべみき）
[1-1、1-2、2-2、2-3、2-4]
1966年　徳島県生まれ
1990年　日本女子大学家政学部住居学科卒業
1992年　北川原温建築都市研究所勤務（1995年まで）
1996年　シドニー大学客員研究員
1998年　東京都立大学大学院工学研究科博士課程修了
1998年　日本学術振興会特別研究員（2000年まで）
2000年　足利工業大学建築学科専任講師
2017年　足利大学工学部創生工学科教授
現在に至る
博士（工学）、1級建築士

諫川輝之（いさがわてるゆき）[9-1、9-2、9-3]
1985年　茨城県生まれ
2009年　筑波大学第三学群社会工学類卒業
2011年　東京工業大学大学院総合理工学研究科修士課程修了
2014年　東京工業大学大学院総合理工学研究科博士後期課程修了
2014年　東京工業大学大学院総合理工学研究科産学官連携研究員
2015年　東京大学大学院総合文化研究科・日本学術振興会特別研究員（PD）
2017年　東京都市大学都市生活学部都市生活学科講師
2022年　東京都市大学都市生活学部都市生活学科准教授
現在に至る
博士（工学）

石垣文（いしがきあや）[5-1、5-3]
1978年　埼玉県生まれ
2001年　東北大学工学部建築学科卒業
2003年　東北大学大学院工学研究科博士課程前期修了
2008年　東北大学大学院工学研究科博士課程後期修了
2008年　早稲田大学人間科学学術院助手
2009年　広島大学大学院先進理工系科学研究科建築学プログラム助教
現在に至る
博士（工学）

葛西リサ（くずにしりさ）[5-2]
1975年　大阪府生まれ
1997年　和歌山大学経済学部経済学科卒業
1999年　和歌山大学大学院経済学研究科修士課程修了
2006年　神戸大学自然科学研究科後期博士課程修了
2007年　神戸大学大学院工学研究科COE研究員
2008年　大阪市立大学都市研究プラザGCOE研究員
2013年　高齢者住宅財団主任研究員
2015年　大阪体育大学教育学部非常勤講師
2015年　神戸女子大学家政学部家政学科非常勤講師
2017年　立教大学コミュニティ福祉学部福祉学科所属RPD研究員
2020年　追手門学院大学地域創造学部准教授
現在に至る
学術博士、専門社会調査士

須沢栞（すざわしおり）[9-1、9-4、9-5]
1991年　新潟県生まれ
2014年　新潟大学工学部建設学科卒業
2016年　新潟大学大学院自然科学研究科環境科学専攻博士
　　　　前期課程修了
2021年　東京大学大学院工学系研究科建築学専攻博士課程
　　　　修了
2019年　日本学術振興会特別研究員（2021年まで）
2021年　日本女子大学家政学部住居学科助手・助教
2023年　東海大学建築都市学部建築学科特任講師
現在に至る
博士（工学）、JSHI公認ホームインスペクター

鈴木佐代（すずきさよ）[4-1、4-2、6-3]
1966年　高知県生まれ
1989年　東京女子大学文理学部数理学科卒業
1995年　日本女子大学家政学部住居学科卒業
1997年　日本女子大学大学院家政学研究科修士課程修了
2002年　日本女子大学大学院人間生活学研究科博士課程
　　　　後期単位取得満期退学
2003年　同大学院修了
2006年　福岡教育大学教育学部家政教育講座助教授
2007年　福岡教育大学教育学部家政教育講座准教授
2012年　福岡教育大学教育学部家政教育講座教授
2022年　福岡教育大学教育学部家政教育研究ユニット教授
現在に至る
博士（学術）、1級建築士

橘弘志（たちばなひろし）[1-4、2-5]
1965年　神奈川県生まれ
1991年　東京大学工学部建築学科卒業
1995年　東京大学大学院工学系研究科博士課程中途退学
1995年　早稲田大学人間科学部人間健康科学科助手
1998年　千葉大学工学部デザイン工学科助手
2002年　実践女子大学生活科学部生活環境学科助教授
2011年　実践女子大学生活科学部生活環境学科教授
現在に至る
博士（工学）、1級建築士

谷本裕香子（たにもとゆかこ）[2-6、8-4]
1983年　奈良県生まれ
2006年　日本大学生産工学部建築工学科卒業
2006年　一級建築士事務所　studioA（2012年まで）
2014年　東洋大学ライフデザイン学部人間環境デザイン学
　　　　科助手（2018年まで）
2019年　早稲田大学人間科学研究科修了
2019年　東北工業大学ライフデザイン学部生活デザイン
　　　　学科講師（現在に至る）
2020年　早稲田大学人間総合研究センター招聘研究員（現
　　　　在に至る）
博士（人間科学）、一級建築士

丁志映（ちょんじよん）[6-1]
1971年　韓国釜山生まれ
2003年　日本女子大学大学院人間生活学研究科博士課程修了
2003年　日本学術振興会（JSPS）外国人特別研究員
2007年　韓国建設技術研究院（KICT）客員研究員
2009年　和洋女子大学非常勤講師（～現在）
2012年　ドイツドレスデン工科大学（TUD）客員研究員
2007年　千葉大学大学院工学研究院都市環境システムコー
　　　　ス助教
現在に至る
博士（学術）

船津三紗子（ふなつみさこ）[6-2]
1986年　千葉県生まれ
2008年　日本女子大学家政学部住居学科卒業
2009年　スウェーデン王立工科大学客員研究員（2010年
　　　　10月まで）
2011年　日本女子大学大学院家政学研究科修士課程修了
現在に至る

松田雄二（まつだゆうじ）[7-1、7-2]
1977年　埼玉県生まれ
2000年　東京大学工学部建築学科卒業
2002年　東京大学大学院工学系研究科修士課程修了
2002年　株式会社久米設計設計部勤務
2008年　東京大学大学院工学系研究科博士課程修了
2008年　東京理科大学理工学部建築学科助教
2012年　お茶の水女子大学大学院人間文化創成科学研究科
　　　　准教授
2015年　東京大学大学院工学系研究科建築学専攻准教授
現在に至る
博士（工学）、1級建築士

渡辺秀俊（わたなべひでとし）[3-1、3-2]
1962年　群馬県生まれ
1985年　千葉大学工学部建築工学卒業
1987年　千葉大学大学院工学研究科修士課程修了
1990年　東京大学大学院工学系研究科博士課程修了
1990年　千葉大学工学部建築学科助手
1995年　武庫川女子大学短期大学部生活造形学科講師
1998年　文化女子大学家政学部生活造形学科准教授
2009年　文化女子大学造形学部住環境学科教授
2011年　文化学園大学造形学部建築・インテリア学科教授
現在に至る
工学博士

私たちの住まいと生活　第2版

2013 年 12 月 10 日　第 1 版 発　行
2024 年 2 月 10 日　第 2 版 発　行

編　者　　水村容子・井上由起子・渡邉美樹

発行者　　下　　出　　雅　　徳

発行所　　株 式 会 社　彰 国 社

　　　　　162-0067　東京都新宿区富久町8-21

　　　　　電　　話　03-3359-3231(大代表)

　　　　　振替口座　00160-2-173401

著作権者と
の協定によ
り検印省略

自然科学書協会会員
工学書協会会員

Printed in Japan

ⓒ 水村容子・井上由起子・渡邉美樹　2024 年
印刷: 壮光舎印刷　製本: 誠幸堂

ISBN 978-4-395-32202-2　C3052　https://www.shokokusha.co.jp